PATRICK PETITDIDIER

LE BOUT DU COULOIR

© 2021 PETITDIDIER, Patrick
Édition : BoD – Books on Demand, 12/14 rond-point
des Champs-Élysées, 75008 Paris
Impression : BoD - Books on Demand, Norderstedt,
Allemagne
ISBN : 9782322376261
Dépôt légal : Septembre 2021

PREFACE

Les refoulements, les tabous ont toujours accompagnés les hommes dans leurs sociétés et existerons toujours. Pour l'occident matérialiste d'aujourd'hui, la mort est de ceux-là. Son évocation provoque souvent un malaise ou déclenche parfois des remarques d'humour noir. Ce qui est une manière de cacher l'anxiété qu'elle provoque lorsqu'on aborde le sujet de celle qui est nommée la grande faucheuse, cette grande inconnue. Le rire n'est-il pas le propre de l'homme ? Bien de mes proches se sont demandé comment j'avais pu travailler dans une chambre mortuaire. Ce n'était en aucun cas une vocation de ma part, mais les événements de la vie que nous ne maîtrisons pas la plupart du temps m'ont conduit à cette porte. Trop souvent marginalisé, ceux qui travaillent dans ce lieu difficile ont besoin de reconnaissance. Il n'est pas à la portée de tout le monde d'exercer cette profession qui n'est pas reconnue suffisamment, voire dénigrée par le monde hospitalier et mal rémunérée. A côtoyer chaque jour les multiples visages de la mort et son lot de douleurs qu'elle entraîne pour les proches des défunts, mon regard sur la vie a considérablement changé. La douleur que provoque la grande faucheuse nous affecte tous sans exception lorsqu'elle se présente.

Aussi est apparu en moi le besoin de coucher sur le papier mes réflexions personnelles sur cette affliction aux multiples visages à laquelle nous sommes tous confronté tôt ou tard. Et plusieurs fois dans notre vie avant d'en être l'acteur principal.

Il n'y a aucune démarche morbide dans ce que je décris, uniquement un regard lucide sur cet événement douloureux qui est l'aboutissement logique du cycle de la vie que nous devons tous affronter. En décrivant ce que j'ai vécu, observé, écouté, je souhaite simplement que cet ouvrage permettra aux lecteurs d'accepter sereinement cette mort qui est notre finalité et bien souvent refoulé dans notre société moderne occidentale. Et surtout de Vivre en croquant la Vie comme un fruit défendu dont nous devons savourer chaque gorgée comme le bénéfice d'une pluie qui tombe au désert.

La description de certains rites funéraires pourra surprendre les européens que nous sommes, mais nous montrent que la pérennité de ces cérémonies est liée à des traditions anciennes qui se perpétuent malgré l'évolution technologique de nos sociétés. Ce qui prouve la fascination et le respect de la transmission de celles-ci. Bien souvent, sans chercher à les comprendre, malheureusement ! Mais liées à cette inévitable destinée inconnue qu'est la mort, qui pour les croyants n'est qu'une porte vers un autre monde.

La boite de Pandore est l'héritage de l'humanité des croyances que nous ont laissés nos lointains ancêtres et que les traditions nous transmettent en soulevant toutefois de l'angoisse.

Tout n'est que suppositions, et de ce fait, de notre devenir nous ne savons rien, mais nous espérons !

LA GRANDE INCONNUE

Depuis que l'humanité existe, c'est à dire depuis les temps les plus reculés, la période ou les hommes ne vivaient pas en ce que nous appelons des nations ou des peuples, mais des clans avant que n'apparaisse la tribu, les hommes devaient s'interroger sur les forces naturelles qui les terrorisaient, sachant qu'ils ne les comprenaient, ni ne les maîtrisaient. Les celtes les nommaient les élémentals et leurs attribuaient des vertus. Sources, fontaines, arbres et rivières étaient vénérés.

Ce n'est qu'une hypothèse personnelle, mais probablement après maintes observations de la nature et du renouvellement perpétuel du cycle des saisons, peut-être, alors je dis bien peut-être, nos lointains ancêtres s'imaginèrent qu'il en était de même pour eux et qu'une renaissance pouvait se réaliser sur un autre plan.

L'angoisse que devait procurer les forces hostiles de la nature, ne pouvaient que renforcer le sentiment de fragilité et de solitude dans un monde qu'ils s'efforçaient de comprendre.

Orphelins de la nature, tout comme des mammifères avortés qui ont quittés la protection intra utérine et maternelle avant l'heure, on imagine fort bien la fascination que pouvait exercer sur nos lointains ancêtres une nuit étoilée ou la terreur occasionnée par un orage nocturne avec ses éclairs et ses coups de tonnerres.

Qu'il s'agisse de l'alternance du soleil, de la lune et de ses phases différentes, voire le déchainement d'une tempête, tout ceci ne pouvait être que la manifestation surnaturelle d'entités qui contrôlaient leur environnement et leurs vies en montrant leurs puissances aux hommes pour leurs signifier leurs présences.

Dans ce monde hostile comment pouvaient-ils remplacer cette Déesse-Mère qui pour nos ancêtres, blottis contre son corps chaud représentait l'Univers - Mère, tout comme le Père, représentation de la force combative et protectrice ?

Les questions devaient se poser, car sinon il n'y aurait pas autant de traces de gravures rupestres et de peintures dites d'art pariétales, vers -38000 sans omettre quelques représentations taillées dans la pierre vers -31000.

On sait que les grottes de Lascaux et Chauvet n'étaient pas des lieux d'habitation, mais des sites ou s'effectuaient des rites de passage.

Aussi, pour se rassurer, ils se créèrent probablement un monde surnaturel, car l'homme aime prolonger la vie au-delà de la mort !

Le préhistorien Jacques Cauvin estime que le développement de la religiosité poussa les hommes à se regrouper pour vivre et célébrer les rites en société.

Et c'est peut-être la prise de conscience de leur propre mort qui est inéluctable, sans prévoir le moment où elle arrive, qu'ils s'inventèrent l'idée de l'immortalité de l'âme afin d'échapper au poids si lourd de cette fin que leur conscience leur révélait.

Ceci permettant une prétendue supériorité sur les autres règnes, puisqu'ils savaient dorénavant que le prix de la vie à payer est la mort, ce qui est lourd à porter.

Quels besoins avons-nous de nous réunir dans des lieux dit sacrés que nous nommons Temple, si ce n'est pour célébrer les mystères du cycle de la vie et de sa fin inévitable, cette grande inconnue que nous appelons la Mort !

Celle-ci demeurant inexplicable, tout comme l'apparition de la vie et son origine.

Nos sens sont trop restreints pour ce qui nous échappe.

Comment visualiser ce que l'on ne connait pas ? Les religions sont-elles nées de ce questionnement ?

Les visions mythiques qu'offrent les religions de toutes les civilisations n'est que la tentative d'expliquer d'une manière imagée la cause première de l'existence du monde et de la vie manifeste. Mais aucune manifestation de vie, pas même la plus évoluée soit-elle, l'esprit humain au demeurant, n'est en mesure de déterminer, ni de définir la cause première, ni ses raisons. Elle reste le mystère. Et la vie serait donc la manifestation de cette cause première.

D'où la naissance de la triple énigme pour les hommes.

Qui je suis ? D'où je viens ? Ou je vais ?

Triple énigme à laquelle nous pouvons ajouter : Existe-t-il une intention d'une cause première et si tel est le cas, dans quel but ? Bien malin celui qui prétend avoir la réponse ! Dans le judaïsme, on l'appelle la Ténèbres Divine, ce qui résume bien l'impossibilité d'en trouver la raison !

L'innommable n'est que l'ultime arcane par rapport à l'esprit humain qui tente vainement d'en arracher une explication dont une vie bien trop courte ne peut lui donner. Car cette vie possède une fin qui se nomment la mort.

La question a dû se poser, au-delà de l'usure physiologique de notre matière, le corps physique.

Pourquoi cette disparition ? Et surtout dans quel but suis-je ici et pourquoi tout s'arrêtera à une date inconnue qu'il m'est impossible de maitriser !

Mais aujourd'hui, dans notre société occidentale : Est-ce un sujet de réflexion ou l'occultons-nous ? On évite ce qui nous dérange. C'est bien connu. Pourquoi y-a-t-il une fin ? Que se passe-t-il ensuite ? Est-ce une transition ? Et pour aller où ? Et pourquoi ?

La mort impose notre humilité lorsque nous la rencontrons. Pourquoi ?

Parce qu'elle nous nargue devant son évidence et nous laisse dans l'incertitude de nos croyances ou de nos incroyances qui sont le rejet d'un culte ou d'une religion imposée dès la naissance par nos familles, sans notre consentement, et qui ne nous satisfait pas toujours !

Il est probable que la prise de conscience de la mort entraîna la naissance des religions et des mythes eschatologiques.

La peur de la mort est peut-être l'unique source des religions, parce qu'elles cherchent à canaliser nos angoisses et nous rassurer sur cette inconnue à laquelle personne n'échappe en affirmant qu'elle n'est qu'un passage vers un au-delà bien meilleur, sans aucune certitude d'ailleurs !

Seule la foi religieuse peut guider celui qui la possède ! Malheureusement son lot de dérive inévitable la suit.

Mais comme le précise la devise des théosophes : Aucune religion n'est supérieure à la Vérité.

Au-delà des dogmes, chacun à la sienne, en espérant qu'elle soit la bonne. Toutefois rien n'est certain, le doute persiste toujours.

Tout au moins pour ceux qui possèdent l'audace de penser par eux même ! Et ils ne sont pas légion ! Il y a tant de moutons qui suivent ceux qui s'imaginent investis d'une mission divine pour guider leurs prochains. Vaste distorsion du raisonnement sur des réflexions personnelles, née d'une interprétation d'un dogme idéologique qui devrait guider les hommes selon eux.

Aussi loin que l'on remonte dans le temps les rites funéraires sont présents et parfois bien surprenants, voir déroutant par leurs aspects pour les occidentaux que nous sommes. Les premières sépultures remonteraient à 100 000 ans, période où l'homo néanderthaliens et l'homo sapiens cohabitaient.

L'invention de la sépulture donna un sens à la vie en se demandant où se trouvait cet être cher disparu. La sépulture nous ôte le corps à la putréfaction visuelle et à un abandon aux charognards de cet être cher. Ce qui n'est qu'une projection de nous-même dans un futur que nous refoulons bien souvent. Terrible vision du miroir de notre devenir qui s'impose à nous. C'est la rupture avec l'indifférence animale, le moment ou la culture se crée. Mais la sépulture nous permet aussi le recueillement pour cet être cher disparu.

Aujourd'hui encore c'est toujours la grande question qui fascine. Existe-t-il un après ou un engloutissement vers le néant ? Qui peut se targuer de détenir cette lumière ?

En ce qui me concerne je n'ai pas la réponse et je ne suis pas pressé de pousser la porte.

Tout comme Louis Pasteur, qui lors de son discours d'intronisation à l'Académie en 1882 déclara :
« Au-delà de la voûte étoilée, qu'y a-t-il ? De nouveaux cieux étoilés. Soit ! Et au-delà ?... Quand cette notion de l'infini s'empare de l'entendement, il n'y a qu'à se prosterner. On se sent prêt à être saisi par la sublime folie de Pascal.»
Donc, nous pouvons émettre cette réflexion : l'infini et l'illimité sont des attributs de l'Absolu, en ce cas nous pouvons nous demander si l'âme humaine n'est pas de la même essence que cet Absolu, ce Grand Tout !
Si un peu de sciences vous éloigne de Dieu, beaucoup de sciences vous en rapprochent. En ce qui me concerne il y a donc la Porte du Grand Secret, l'Ultime Initiation qui s'ouvrira tôt ou tard sans mon consentement. Satisfait ou déçu, je n'ai aucune envie de me tourmenter à l'avance sur une fin inéluctable et sa suite si toutefois il y en a une. Je préfère profiter de l'instant présent, aussi fugace soit-il ! Alors, lequel d'entre nous à un moment de sa vie n'a pas été confronté à cette grande inconnue que l'on aborde avec de multiples réactions. Celle que l'on nomme le plus souvent la grande faucheuse, la Mort ! Qui selon la Grèce Antique est fils de la nuit et frère du sommeil !
Inconnue qui peut se révéler tout autant paradoxale par les situations que nous vivons. Certes, nous la craignons cette inconnue, mais en certains cas lorsque la souffrance est insupportable pour un proche en fin de vie, lequel d'entre nous par amour n'a pas souhaité sa venue pour abréger les douleurs à laquelle nous assistons, impuissant, tout comme le corps médical. La souffrance de l'être aimé ne se communique-telle pas en nous lorsque nous aimons vraiment ? Cet amour

devient passion, et toute passion est destructrice ! Nous sommes tous, tôt ou tard contraint d'organiser les funérailles d'un proche, et par ce fait penser inévitablement à nos souhaits pour nos propres obsèques qui peuvent terroriser les plus fragiles sur un futur tracé depuis la naissance. Avenir inévitable dont nous ne connaissons pas la date de départ mais dont nous occultons inconsciemment la venue en évitant d'aborder le sujet aussi douloureux soit-il !

COMMENT SUIS-JE ARRIVE LA

Pour ma part je ne m'étais pas destiné et encore moins préparé à la confrontation chronique avec elle. Aussi loin que mes souvenirs remontent dans le temps jamais je ne me serai imaginé terminer ma vie professionnelle dans une chambre mortuaire.

Si j'ai décidé de coucher sur le papier ce que j'ai vu, ressenti et observé, c'est aussi pour me libérer de ce poids qui parfois est très lourd à porter et qui peut influer sur le comportement.

Assister quotidiennement à la douleur de personnes qui vous sont inconnus ne laisse pas totalement indifférent, bien que le détachement soit une règle, parfois des cas peuvent nous toucher. A moins de se trouver dans une absence totale d'empathie, ce qui relève de la psychanalyse. Pour ma part, je n'ai croisé qu'un seul agent dans ce cas et c'était une jeune femme.

Son comportement anormal après bien des problèmes internes au service du reposoir, et plusieurs mises en garde de ma part et des autres agents incita la Direction des Ressources humaines du centre hospitalier à la pousser vers la porte de sortie. Ce qui pour ma part était justifié, je pense qu'elle était thanatophile et dénuée d'une totale empathie pour le genre humain, sauf pour sa petite personne ! Comment suis-je arrivé à ce travail ? Après les événements de la crise monétaire de 2008, je devais me résoudre à fermer mon entreprise à un âge où il est difficile de se reconvertir. Les portes restaient obscurément fermées à toutes mes démarches. J'effectuais des travaux dit ingrats, je me retrouvais parmi les invisibles de la société.

J'appelle les invisibles ces travailleurs que l'on côtoie souvent sans se soucier de leurs taches pénibles, mais utiles. Ces personnes qui s'occupent de nettoyer les parties communes des immeubles et des résidences, ou ceux qui distribuent les journaux très tôt avant le lever du jour. Ces travailleurs que l'on ne voit jamais, ou ignore ! Indifférence ou mépris, parfois les deux, c'est le ressenti que j'ai gardé de cette période avec ces travailleurs qui bien souvent sont dévalorisés et dans la précarité. J'étais toujours dans l'incertitude d'un travail fixe et commençait à devenir taciturne.

Aussi lorsqu'on me proposa de présenter ma candidature dans une chambre mortuaire j'acceptais sans hésiter, bien que certains refusent ce poste, ce que je comprends aisément.

Mais je n'avais qu'une envie, m'échapper de l'emploi de service de nettoyage ou la clientèle de ces entreprises affiche plus souvent du mépris et de l'indifférence pour ces travailleurs de l'utile. Je garde en moi un respect et une sympathie profonde pour ces travailleurs dont la tâche physique et insalubre est si ingrate et dénigré, sans aucune reconnaissance professionnelle !

L'hypocrisie de notre société est à un tel point que les managers du politiquement correct de notre société, afin de soulager leur bonne conscience a changé leur appellation professionnelle : On les nomme : technicien de surface ! Ce qui ne change en aucun cas leurs maigres salaires, conditions de travail, et encore moins l'absence de leur reconnaissance professionnelle.

Sans compter que bien souvent, poussez par le système, leurs petits chefs sont d'ignobles cons qui rendent le travail encore plus dégradant par leurs comportements tyranniques, et je sais de quoi je parle.

PREMIERS PAS

Évoquer les métiers de la mort déclenche de l'angoisse et de la répulsion pour bien des personnes, même pour des hospitaliers ! Mais en ce qui me concerne, ce travail m'assurait un CDI, si j'étais apte. J'ignorais tout ! Je fus admis, certes ! Il y a des périodes difficiles dans la vie ou nous prenons des décisions identiques à celle du naufragé qui s'accroche à la première planche apparaissant à la surface de l'eau, et cela sans se soucier de savoir si elle est pourrie. Pour moi c'était la planche de salut à mon océan de problèmes. Je ne savais pas où je m'engouffrais. Mais pour me sauver, pour retrouver une dignité de travailleur dans cette société sans état d'âme qui pratique le jeu des chaises musicales, j'acceptais !

Comme je l'ai dit plus haut, intégrer une chambre mortuaire en tant qu'agent n'est pas anodin. D'autant plus que dans ma vie je n'ai jamais éprouvé le besoin de postuler dans le travail de la mort. Je possédais un métier artistique avec un A majuscule que j'aimais et dans lequel je m'épanouissais.

J'acceptais ce poste dans le seul but de m'assurer un revenu stable pour retrouver ma dignité de travailleur qui m'avait été arrachée par les événements de la crise monétaire de 2008.

Sachant que la concurrence devait être minime, je n'hésitais pas à proposer ma candidature à ce poste. Sans trop savoir d'ailleurs ce qui m'attendait, bien que mes sympathies vers la philosophie bouddhiste renforcent mon équilibre dans ce domaine, je ne pouvais savoir.

Que peut-on savoir de son futur ? De vaines suppositions, qui bien souvent s'effacent devant la réalité qui nous tombe dessus sans crier gare. Nous traçons des plans sur la comète et tout à coup sans crier gare, ça vous tombe dessus, tout s'écroule aussi fragilement qu'un château de cartes, et très vite !

Un peu comme la pellicule de cellulose d'un vieux film qui brûle en cour de déroulement sur le projecteur. Image du chemin des projets de votre vie qui s'interrompt, et qui doit être réparé immédiatement. Sauf que là, pas facile de recoller les bouts pour continuer l'histoire. Pour moi ce fut un tsunami.

Le scénario change, mais où est-il cet enfoiré ? Pas facile à raccommoder tout cela !

Mon aptitude à ce poste me fut confirmée trois semaines après cet entretien ou je suis resté neuf ans. Neuf ans ! Ce chiffre neuf reste gravé en moi. Neuf mois est le temps de gestation pour donner la vie humaine ! Curieux, quand j'y pense. Ces neuf années transformèrent ma vision de la vie et de mon rapport avec les autres, mes semblables.

 Après ces neuf années on me remercia pour me transférer sur un autre poste hospitalier, sous prétexte que je n'étais pas un aide-soignant, malgré mes bons et loyaux services ou je m'étais investi au-delà de la tâche qui m'était attribuée, et bien sûr, sans aucune gratification, cela va de soi.

Il en va ainsi de notre chère, très chère ingrate et inhumaine Administration qui traite son personnel comme des kleenex, à jeter après usage ! C'est le service à sens unique !

L'administration est la championne de la démotivation ! Ne vous étonnez pas si tout va mal dans cette grande Institution d'Etat !

La mauvaise réputation des fonctionnaires provient d'une administration qui travaillent à l'inverse du privé en bloquant l'initiative et malheureusement, bien souvent, avec la complicité naïve ou stupide des syndicats qui freinent l'initiative de ces agents. Je sais de quoi je parle !

Côtoyer tous les jours la mort et la souffrance des familles, nul ne peut savoir à l'avance s'il pourra tenir.

Aussi avant d'être accepté à ce poste, un entretien avec des responsables de la Direction des Ressources Humaines est plus que nécessaire.

Entretien qui reste froid et déshumanisé pour mieux cerner vos points faibles car ce poste est loin d'être de tout repos pour le psychisme.

Responsables de la Direction Humaine, qui pour la plupart sont incapables d'assumer ce travail pour lequel vous postulez. Je l'affirme ! Et qui vous saqueront à la moindre erreur, comme un délinquant !

Et de ces managers enfermés dans leur bulle protocolaire administrative et déconnectée de la réalité qui leur est imposé : Il y a une mise en garde sur la confrontation chronique avec la mort et son lot de patients victimes de toutes pathologies qui entraîne parfois une altération physiologique rapide des corps.

On passe d'abord du corps anonyme avant de présenter le défunt à la famille.

La partie la plus violente est pour les agents de la chambre mortuaire qui sont les premiers en contact avec les patients décédés.

Ce premier contact dévoile parfois des aspects qui peuvent être choquant, voire violent ! Et c'est récurant ! Pas évident de s'y habituer, si toutefois il y a habitude dans ce domaine. Je dirai qu'un détachement est nécessaire, ce qui n'est pas du ressort de tout le monde car les visions restent enfouies en nous.

Et parfois elles resurgissent sans crier gare en déclenchant des troubles qui nous prouvent à quel point nous sommes fragiles. Nous ne sommes que des hommes avec nos forces et nos faiblesses ! Elles apparaissent sous l'apparence de cauchemars ou de visions qui ressurgissent parfois dans des moments inattendues et intimes. Ces images se présentent à nous pour nous rappeler qui nous sommes et malheureusement nous déstabiliser dans nos vies quotidiennes pour nous rappeler à la dure réalité de ce quotidien. Travail mal rémunéré, dévalorisé, ceux qui proposent leur candidature dans ce domaine se trouvent dans deux cas. Le premier est d'avoir choisi ce travail pour aider leurs prochains dans la douleur, et dans ce cas c'est un sacerdoce. Ou ils sont pour la plupart acculé à un point de non-retour comme je l'ai dit plus haut.

Mais pour durer dans ce travail, ça on ne le sait pas à l'avance ! Il s'agit de tenir ou de s'en sortir avant de sombrer dans la dépression.

Arrivé à ce point on se jette à l'eau sans se poser de questions. C'était mon cas ! Lorsque vous avez tout perdu, quand vous ne contrôlez plus rien de votre vie, alors l'instinct de survie animal réapparaît en l'homme pour une seule raison :

Continuer à vivre et n'être plus exclu du cercle de cette société qui n'accepte pas l'échec !

Qu'un événement désagréable vous éjecte du monde du travail et vous verrez à quel point vous êtes seul dans cette spirale infernale du rejet.

Même dans votre famille, vous verrez ! La vie n'est pas un long fleuve tranquille, et la nature humaine se révèle dans ces moments-là dans toute sa médiocrité avec son lot de fiel. Pauvre nature humaine ! Tu t'imagines régente de l'Univers, mais tu as tant à faire sur toi même ! Humain est un mot encore bien trop noble pour la plupart d'entre nous qui en ignore le sens, hélas !

STAGE EN INSTITUT MEDICO-LEGAL

J'ai eu mes visions les plus violentes lors du stage obligatoire dans un Institut médico-légal ou se pratiquent des autopsies. Ce qui est un test pour juger de la capacité des agents pour exercer dans ce milieu. Pour ma part l'équipe qui nous reçût était cordiale et compréhensive. D'autant plus que cet institut médico-légal se trouvait dans la ville de Toulouse, marqué par les tueries de Mohamed Mehra !

L'autopsie est un acte chirurgical violent pour un profane, et peut être considéré comme une profanation du corps.

Certains stagiaires destinés à travailler dans une chambre mortuaire supportent mal cette obligation d'assister à ces autopsies qui sont nécessaire pour connaître les causes du décès lorsque le cas se présente, surtout lorsqu'il s'agit de fœtologie (autopsie réalisée sur des enfants nés sans vie).

Je sais après avoir travaillé neuf ans dans une chambre mortuaire que des agents arrivent à un burn out, bien souvent, même trop souvent ignoré, voir méprisé par la hiérarchie hospitalière. Le burn out est ce que l'on nomme un épuisement professionnel.

Pour les médecins légistes et les assistants que sont les agents de chambre mortuaire, un pas de côté doit se faire. Ce n'est plus un défunt, mais un corps objet.

Si le pas de côté ne se fait pas, il est difficile, voire insupportable de travailler dans un institut médico-légal.

Il y en a qui craquent, et c'est compréhensible, nous ne sommes que des humains.

Des cas parfois insoutenables se présentent à nous. Entre les visions des corps autopsiés, et l'explication des décès qui nécessitent cette intervention chirurgicale en présence des représentants des forces de l'ordre, une grande force de caractère est obligatoire devant ces drames de la vie qui pour la plupart sont ignoré du grand public.

Et ce n'est pas plus mal ainsi ! Normalement constitué, la question se présente : Comment en sont-ils arrivés là ? Commettre de tels actes ?

Questions sans réponse, à laquelle chacun peut donner sa version qui n'est pas l'original ! Que connaît-on de la vie d'autrui ? Bien malin celui qui me répondra.

Comment et pourquoi bascule-t-on dans cette folie ?

Drames de de la vie qui nous montrent à quel point l'humanité est fragile dans ses attitudes et peut basculer rapidement dans des comportements insoupçonnés au départ d'une vie. Conséquence d'une accumulation de situations perturbantes qui provoque une distorsion du raisonnement pour basculer dans la folie.

Tranches de vies fondues au noir qui vous arrivent avec toute la violence qu'elle véhicule et vous donnent la nausée de vos congénères par leurs comportements inhumains, et qui pourtant se présente comme tel sans crier gare.

Respect à ceux qui travaillent dans ces lieux ! Loin d'être des pervers, ce sont des personnes qui possèdent beaucoup de force pour réaliser un travail nécessaire à la science et la justice pour déterminer les causes du décès et rendre le corps présentable pour les familles endeuillées, au-delà du drame que leur chemin de vie leur fait subir.

Ce travail est bien trop souvent mis en scène par les séries policières, mais en les caricaturant ce qui est déplorable pour la vision qui en est présentée et bien loin de la réalité, hélas !

Imaginez-vous la force de caractère de ces personnes ? Lorsqu'un agent de chambre mortuaire sort de ce travail : Il retrouve sa famille, sa ou son compagnon, ses enfants, après avoir vécues de telles journées ! Vous pensez qu'ils sont anormaux, voire monstrueux ?

Pas facile de fermer la porte pour eux, hein ? On change facilement sa tenue d'atelier ou de travail de bureau, mais là, c'est une autre dimension. Elle affecte l'humain, et à moins d'être dépourvu de compassion pour son prochain, les images ont du mal à se détacher.

D'autant plus que cette porte vous l'ouvrirez le lendemain avec son lot de douleurs quotidien qui ne vous appartient pas mais que vous subissez. Car la nuit ne porte pas toujours conseil, quoiqu'on en dise !

Les images peuvent tourner en boucles comme des flashs inévitables et perturber le sommeil, qui pourtant est bien mérité. Le plus terrible est de garder ce silence en nous qui peut devenir oppressant par ces visions accompagnées de témoignages bouleversants. J'ai connu des agents qui se sont déshumanisés au fils des années.

Déshumanisé au point que leurs propos et comportement avec les familles endeuillées me choquaient, moi qui étais nouveau dans ce travail. Plus tard j'ai compris que c'est une forme de burn out qui s'empare inconsciemment de ces agents qui n'en peuvent plus de ce quotidien morbide qui les bouffent tout doucement.

Combien de fois me suis-je demandé en période hivernale lorsque je poussais cette porte : Quel est son lot de cette nuit, combien d'êtres la mort vient-elle d'arracher à la vie, sans se soucier de l'âge ? Par quel drame de la vie la mort vas-t-elle s'emparer de ces corps ?

 Alors, essayez d'imaginer de vous détacher de ces images et situations journalières pour afficher une attitude souriante lorsque vous quittez la blouse blanche. Ce n'est pas évident de se débarrasser de ce costume de morguiste qui vous suit comme une ombre pour vous rappeler les visions d'agent de chambre mortuaire pour retrouver sa vraie nature. Pour exercer ce travail il faut posséder l'amour et la compassion de son prochain. Aucun de ces agents n'est morbides, bien loin des caricatures que nous offre la tradition populaire.

LA CONFRONTATION CHRONIQUE AVEC LA MORT

La mort ne se soucie pas de l'âge et du sexe, c'est douloureux et injuste, on ne reste pas insensible à tout cela. Même si on apprend à se détacher, les images de douleurs restent gravées en nous. Elles peuvent en certains cas tourner comme un manège infernal et finissent par traumatiser des agents qui tombent dans la dépression et jettent l'éponge.

On se doit de renoncer à toutes projections, ou identifications en lien avec une histoire personnelle. Un agent de chambre mortuaire doit se rappeler qu'il se trouve dans un cadre professionnel avec des personnes qui lui sont étrangères.

La gestion des émotions doit être permanente. Ce n'est pas à la portée de tout le monde, je l'affirme et le comprend ! On se doit de garder ses distances, à tout moment, on peut être affecté par le deuil d'une famille.

Mais pour ma part je peux assurer qu'il n'y a aucune perversité sur ma décision. Quant aux collègues que j'ai eu l'occasion de fréquenter je peux en dire tout autant. Mis à part cette personne que j'ai évoquée brièvement plus haut.

Avec la confrontation chronique aux réalités objectives de la mort et de ses multiples visages, on s'endurcit, sans être inhumain. On relativise pour mieux comprendre le sens de nos vies.

Cette confrontation journalière entraîne une modification inévitable de nos croyances et comportement. La vision individuelle que nous percevons de la mort de l'autre, que nous ne connaissons pas, modifie notre perception du sens de notre vie. Mais chacun à la sienne !

Ce qui n'empêche pas de reconnaître le caractère sacré de la dépouille humaine par le respect de l'enveloppe charnelle qui devient un défunt après sa toilette mortuaire.

Une alliance se crée avec la famille par la première présentation du corps qui est le commencement du deuil. La diplomatie est de rigueur dans ce premier contact pour adoucir ce drame. Car la mort est un drame refoulé. Croyants ou athées nous possédons tous le même regard sur cette injustice qui est la mort que nous subirons tous. Mais surtout : Pourquoi ? Autant que le mystère de la vie, la mort est aussi un mystère.

Il est nécessaire de mettre en garde la famille qui se présente pour un premier recueillement, qui en fait est une constatation de la mort annoncée par le corps médical. Le défunt vêtu d'une blouse médicale, a bien souvent la mâchoire inférieure relâchée et parfois les yeux ouverts. Il est du devoir de l'agent de prévenir les familles. Attendre la toilette mortuaire pour le recueillement est plus acceptable que cette vision du corps non préparé et qui restera gravé à jamais dans leur mémoire et les traumatisera.

Certes, on ne peut interdire devant leur insistance de se recueillir, mais à chaque fois c'est la même réaction. C'est violent ! Et cette vision est la dernière qu'ils conservent malgré nos mises en garde, hélas !

Pour d'autres, plus résignés, il faut attendre la toilette mortuaire pour accepter le décès du patient. Il y a parfois un refus de la mort tant que le défunt est encore revêtu de sa tenue hospitalière. Un déséquilibre émotionnel s'installe en créant une similitude entre le défunt et l'endormi.

Ce n'est qu'après la toilette mortuaire qu'ils prennent conscience de la mort et l'acceptent. Avant ce n'est qu'un corps mort sans distinctions personnelle. Je n'aime pas les termes dépouille ou cadavre qui sont la troisième étape avant la dernière : la squelettisation.

Après cette toilette mortuaire, c'est la réappropriation par le mort de son enveloppe charnelle qui le caractérise et le réinscrit dans le monde social comme défunt avec tout le cérémonial que chacun s'impose au-delà des cultes par amour pour ceux qui nous quittent. Le cœur de l'Humain est le plus beau des temples. Aucun édifice religieux, aussi beau soit -il ne peut l'égaler.

La chambre mortuaire est avant tout un espace symbolique et social ou toutes les cultures se côtoient. Ce qui demande de la part des agents une attitude de respect, d'écoute et de bienveillance, mais pas de compassion. Surtout lorsque dans la même matinée des cultes différents sont célébrés. Chacun doit être respecté tout en reconnaissant les autres.

Des exigences, des débordements peuvent arriver, sans se soucier des autres et des normes de sécurité. Un rappel à l'ordre du règlement intérieur avec l'appui de l'opérateur funéraire est nécessaire ; ferme certes, mais en douceur. Si vous ne possédez pas cette force de caractère qui est de posséder une main de fer dans un gant de velours, ça peut vite partir en vrille si vous ne l'avez pas !

Il y a des communautés très attachées à leurs traditions religieuses. Déroger à ces traditions relève d'un sacrilège, voire d'un blasphème, bien que la société française se soit débarrassée de cette notion obscurantiste d'un autre âge, et dont certains semblent avoir oublier la vraie signification de ce mot dans notre société laïque. Mais froisser ces croyances, aussi dignes soit -elle, provoque des débordements dont les agents sont les premières victimes. Et j'ai vécu des cas ou le self control est une obligation.

Et là, vous êtes seul ! Si vous ne savez pas gérer, si vous ne possédez pas cette force de caractère, ce n'est pas la peine de continuer dans cette voie.

Pour les croyants, quels qu'ils soient, le corps de l'homme est un microcosme en lien avec sa cosmologie personnelle qui revêt un caractère sacré et qui doit être traité dignement. Même si la médecine moderne considère le corps comme une entité séparée, sur laquelle après accord des familles des prélèvements d'organes et de tissus peuvent être effectués à but thérapeutique.

Je précise que ces prélèvements d'organes et de tissus n'ont que le but de permettre à ceux qui sont vivants, mais victimes d'une pathologie, que seule une greffe leur permettra de vivre normalement. Les membres de ce service possèdent un travail noble, mais ingrat !

Il n'est pas donné à tout le monde la possibilité d'entrer en contact avec une famille endeuillée après avoir présenté les condoléances de rigueur et lui demander si le défunt avait émis le souhait du don de ses d'organes. Le premier obstacle est d'ordre religieux, le corps est sacré ! Ensuite c'est affectif !

Dans certains cas, tout est relatif. Si la mort a été subite et violente, ou lorsque le patient est parti d'une pathologie ou ses proches l'ont vu se dégrader. Là il est difficile de leur demande cette épreuve supplémentaire, qui pour certains devient une profanation.

Mais lorsqu'on sait qu'un prélèvement de cœur permettra de sauver un enfant en pratiquant une intervention de chirurgie valvulaire. Parfois il s'agit d'un prélèvement de peau qu'un grand brûlé attend pour ne plus être le point médian du regard des autres, ou pire d'être exclu de la norme, alors on comprend mieux la nécessité de la démarche de ce service, qui pour certains peut être choquant, ou voir indécent lorsque les familles sont dans la douleur. Ce travail n'est pas à la portée de tout le monde, je l'affirme.

LA CHAMBRE MORTUAIRE ET LES SOIGNANTS

Nonobstant, la réflexion d'un agent d'amphithéâtre qui m'accueillit résonne encore en moi. La chambre mortuaire est toujours éloignée des services de soins pour des raisons bien compréhensibles. Elle est marginalisée, par le fait que c'est le lieu à éviter pour le personnel soignant ou autre. Elle se trouve donc à l'écart. Une collègue aide-soignante me confia qu'elles ne sont pas préparées à cette épreuve. Introduire la première fois un patient décédé dans une cellule réfrigérée, est une épreuve !

Vision glacée à l'image de la mort de tous ces défunts cloisonnés attendant le jour de la levée de corps avec cette odeur persistante qui reste mémorisée en vous. Image lugubre surtout la nuit, le personnel est absent, et c'est glauque ! Toutes ont la même réaction, sortir le plus vite de ce lieu !

Bien des aides-soignants ignorent ou elle se situe et ne cherchent pas à le savoir. Considéré comme un monde à part et aboutissement logique d'une impuissance à prolonger la vie ou les corps sont laissés. Elle est bien souvent située à l'écart des services de soins et localisée au fin fond de l'établissement hospitalier à l'abri de tout regards, pour éviter de se confronter à un futur assuré qui est le nôtre.

C'est pourtant une partie importante de l'hôpital, mais la plupart du temps, et je parle en connaissance de cause, bien souvent ignorée, voire méprisée par les Direction des Centres Hospitalier, ne leurs déplaise ! Aujourd'hui de la naissance à la mort la prise en charge se réalise en milieu hospitalier. Entre agents de la chambre mortuaire, nous l'appelons, le bout du couloir.

Le transfert des corps des défunts doit se faire le plus discrètement possible pour ne pas choquer les patients, ainsi que leurs proches. Ce qui est compréhensible.

En ce qui concerne l'établissement ou je travaillais, pour accéder à ce service, les aides-soignantes transféraient les corps des défunts par un accès de galeries à l'abri de tous regard. Celle-ci est située dans un accès perpendiculaire à la circulation du personnel pour mieux l'isoler. Ce qui rend encore plus morbide son accès par l'insalubrité qui se dégage des murs. Insalubrité provoquée par l'infiltration régulière des eaux de pluies. La plupart des aides-soignantes ne traînent pas dans cet endroit. Confrontées à la maladie régulièrement, certains agents hospitaliers peuvent considérer la mort comme un échec du service de soins, bien qu'elle soit inéluctable pour chacun de nous.

C'est d'autant plus émouvant lorsque je constate l'empathie de certains agents hospitaliers pour un défunt. Derrière ces soignants, il y a un être humain qui possède ses faiblesses. Lequel d'entre eux n'a pas été touché par le sort d'un patient ? Des liens affectifs peuvent se créer. Je mets au défi les membres du personnel soignants qui me liront de me contredire dans mes propos.

Lequel des médecins peuvent m'affirmer que jamais il ne s'est trouvé en échec ? La mort d'un enfant ou d'un patient dans la force de l'âge que l'on pense pouvoir sauver Bas les masques ! Derrière la carapace, il y a l'humain ! Respect à tous ceux du corps médical que j'ai côtoyé. Il y a donc parfois des agents hospitaliers victime de cet excès d'empathie qui peut provoquer des dégâts, et c'est ce qui les rend encore plus nobles et respectables à mes yeux. Ce travail est difficile et ingrat, usant !

Surtout quand on connaît les difficultés que traversent aujourd'hui le monde hospitalier et les exigences de l'administration qui rende encore plus pénible ce travail.

Une petite parenthèse est nécessaire pour expliquer les risques de l'empathie. Empathie pas toujours facile à maîtriser, la chambre mortuaire n'est pas épargnée, elle aussi, même si elle est au bout du couloir.

LES RISQUES DE L'EMPATHIE

L'empathie est la faculté intuitive à se mettre à la place d'autrui, de percevoir ce qu'il ressent. Mais un débordement de cette faculté peut engendrer des problèmes neurophysiologiques chez des membres du personnel soignant qui créent des liens affectifs avec des patients. C'est eux qui sont le plus près des patients.

Pour bien comprendre l'empathie, il faut savoir qu'il en existe deux formes employant des circuits cérébraux spécifiques.

L'empathie cognitive, qui est considérée comme un système conscient qui permet de comprendre les émotions de l'autre en prenant en compte ses particularités. A savoir le contexte social et culturel et ses traits de caractère, voire son histoire personnelle lorsqu'il se confie à un soignant.

Là, nous sommes dans la compréhension empathique. Notons que l'empathie cognitive, qui comprends mais ne subit pas les émotions de l'autre, peut être utilisée à bon ou mauvais escient.

Ce qui d'ailleurs, est le cas du pervers narcissique qui manipule son interlocuteur grâce à la compréhension et la connaissance qu'il possède des émotions de l'autre à des fins destructrices.

La deuxième forme d'empathie est dite, affective. C'est le système automatique non conscient, ou élan spontané du cœur, permettant de ressentir et partager instinctivement les émotions de l'autre. Ce qui est considéré comme une résonance émotionnelle impliquant les neurones miroirs *(les neurones miroirs sont une catégorie de neurones du cerveau qui présentent une activité aussi bien lorsqu'une personne exécute une opération que lorsqu'il observe une autre personne exécuter cette même opération, ou voir qu'il imagine cette opération, d'où le terme miroir),* un transfert se réalise.

Cette empathie affective à le désagrément de rendre incapable de toute action de secours lorsque la personne est submergée par le flot des émotions de l'autre.

Ce qui devient une contagion émotionnelle paralysante pour le personnel soignant qui tombent dans la détresse, et pouvant l'amener jusqu'au burn out, plus courant qu'on ne l'imagine.

Il est donc nécessaire de connaître ces deux formes d'empathie pour savoir les utiliser alternativement, tout en prenant du recul, afin de pouvoir aider en passant par l'action qui sera utile à l'autre. C'est le concept d'empathie nature. Chez les chrétiens cela s'appelle la

Grâce, vertu si chère aux saints de cette religion et bien souvent très mal expliquée.

Le burn out chez le personnel soignant peut également provenir de ce qui est nommé un transfert. Identifier la pathologie d'un patient en fin de vie avec un membre de sa famille, ou d'un proche qui succomba dans les mêmes conditions est un risque potentiel pour tout membre du corps médical. Le lien affectif est inévitable et destructeur pour le soignant. Dans ce cas il faut s'en éloigner lorsqu'il y a une perte de distance entre le soignant et le patient.

Si la confrontation chronique avec la souffrance n'a pas été préparée par le soignant, elle peut devenir une source d'angoisse et de mal être. Dans la sphère privée il est plus facile de se laisser aller aux manifestations de nos affects qui sont la particularité de tout un chacun, tandis que dans le milieu hospitalier, si elles ne sont pas refoulées, on se doit de les contrôler.

Pas facile ! L'empathie consiste à une attitude bienveillante face à la souffrance. Elle nécessite donc de faire la différence entre soi et autrui, le patient.

Mais aussi de réguler ses propres réponses émotionnelles. Cette régulation est l'ensemble de nos processus affectifs et cognitifs que nous pouvons mettre en œuvre pour modifier nos réponses émotionnelles spontanées. La maitrise de soi, où self-control est une obligation. Ce qui est loin d'être une évidence lorsque la vision de la souffrance est chronique. En aucun cas ils ne peuvent supporter toute la misère du monde. Malheureusement certains craquent.

Notre fragilité se révèle à nous dans ces moments difficiles. Aucun de nous échappe à cette épreuve, le contraire serait anormale. Il y a ceux qui possèdent une force de caractère capable de maitriser cette fragilité. Ils ne sont pas nombreux et peuvent parfois paraître glacial aux regards de leurs collègues, ce qui n'est qu'une façade. Comportement qui ne peut s'expliquer en aucun cas comme un déni ou un refoulement. Ces deux réactions étant différentes.

J'ai eu l'occasion d'assister à l'un de ces comportements qu'avait une aide-soignante et que je raconterai plus loin.

Aussi ai-je besoin de l'expliquer brièvement pour bien les différencier.

Le sujet qui déni refuse la réalité de ce qui est vu, vécu et ressenti comme un fait réel. Cette réalité est ressentie comme une perception agressive, voire dangereuse pour l'intégrité de son moi. Ce déni engendre une éradication de conflits bien qu'en lui coexiste au sein du moi deux affirmations contradictoires qui se juxtaposent sans s'influencer. Sigmund Freud le nomme comme un mode de défense, ou le sujet refuse de reconnaître la réalité vécue de cette émotion traumatisante. Ce serait un mécanisme de défense élaborée par le moi sous la pression du sur moi et de la réalité extérieure

Bouclier qui permet de lutter contre l'angoisse déclenchée par cette émotion.

Tandis que le refoulement voit mais occulte cette réalité en déposant son voile de l'interdit devant ce qu'il a vécu au point de l'enfouir comme une pression tabou censure ! Sigmund Freud le considère comme un mécanisme de défense complexe qui serait lié à la culpabilité et qui contribuerait à tous les autres moyens de défenses. Les deux cas provoquent des distorsions du comportement.

GESTION DES EMOTIONS

Si certains travaux en neurosciences semblent démontrer que l'empathie pourrait être quasi génétiquement programmée chez les nouveaux nés, il n'en n'est pas de même pour la gestion de nos émotions.

Chacun de nous est unique et la gestion de nos émotions reste d'une très grande complexité en variant d'un extrême à l'autre.

Les émotions sont une réaction psychophysiologique complexe et intense avec un début brutal et une durée relativement brève. Elles naissent la plupart du temps d'un changement dans les relations entre un individu et son environnement. Les émotions sont issues de processus largement inconscients, à la différence des pensées qui les accompagnent sur lesquelles nous pouvons agir consciemment. Ce qui signifie que la gestion émotionnelle s'apprend ! Chacun de nous a des prédispositions naturelles qui lui sont propre. Ce qui permet de travailler notre intelligence émotionnelle qui est notre capacité à reconnaître, comprendre et maîtriser nos propres émotions pour composer avec celle des autres. A condition d'en posséder la volonté sincère, ce qui n'est pas aussi facile que l'on pense !

Mais il en est tout autrement dans une chambre mortuaire ou la nature humaine se révèle au grand jour. C'est le seul endroit où on se laisse submerger par ses émotions, tout au moins pour la plupart ! Ce qui semblerait anormal serait de ne pas laisser libre cours à la manifestation de nos affects.

Il y a donc ceux qui laissent exploser leurs émotions. Réaction psychophysiologique normale et intense, et il y a ceux qui savent gérer leurs émotions ce qui permet de mieux assister ceux qui sont dans un débordement émotionnel affectif.

Les cris et pleurs qui répondent parfois à des attitudes culturelles très profondes, comme celle des Cap Verdien, ou les femmes hurlent, et s'arrachent les cheveux devant la dépouille du défunt par exemple. Cette attitude ne peut en aucun cas être proscrite, mais canalisée. Au sein d'un reposoir, il convient de veiller à ce que l'expression de la douleur des familles endeuillées reste dans l'acceptable et compatible avec ce que peuvent supporter d'autres familles endeuillées en recueillement. Lorsque le cas se présente, la diplomatie est de rigueur. Le dialogue doit se réaliser en toute fermeté avec cette famille endeuillée, sans attitudes brutales ressentie contre elle. Mais simplement en lui rappelant que d'autres familles sont dans ce cas dans l'établissement. Pas toujours évident, car les réactions peuvent se révéler inattendues, et parfois violentes.

Si en Occident il y a un refoulement de la mort, il en est tout autrement en Afrique, ou la mort est un moment important du cycle vital. La mort n'est pas une fin pour eux, elle est la continuité de la vie. L'évolution posthume de l'homme étant la dissociation du corps, enveloppe charnelle prêtée par Dieu, mais vouée à la dégradation. Quant à l'esprit, lui, passe dans un autre état supérieur, qui n'a plus rien de commun avec ce que l'espèce humaine connaît.

Un proverbe africain dit que les blancs savent toutes choses, seule la mort leur échappe. Bien mieux armés que les occidentaux face à la mort, les africains disent que l'âme du défunt plane au-dessus de ses proches, comme un oiseau échappé de sa cage. E cette âme les aide à se recomposer en transcendant leur douleur. Ce qui amène une force de cohésion et détermination dans la continuité de la vie en acceptant cette disparition. C'est peut-être ce qui nous manque à nous, cette résolution !

UN EVENEMENT INDESIRABLE IMPENSABLE

Pour le personnel soignant, il m'est arrivé de rencontrer certains agents, fort rare, heureusement, qui semblent déconnectés de la réalité. A moins qu'il ne s'agisse d'un refoulement des émotions enregistrées dans le subconscient pour refuser l'affrontement avec cette réalité inévitable pour tous. Je m'explique, je pense que pour ce cas c'était un déni.

Il m'est arrivé par deux fois ce genre d'incident, mais le premier était le plus choquant à mes yeux.

Un matin le service de la maternité m'informe que le corps d'un enfant né sans vie doit arriver à la chambre mortuaire. Je me rends immédiatement dans la salle des cellules réfrigérées pour réceptionner le corps de l'enfant, et là, à ma grande stupéfaction, dans le couloir, accompagnant l'aide-soignante, un jeune homme les yeux rougis par la douleur et le teint blafard, enveloppé dans un état de choc bien compréhensible après un tel drame. Ce jour-là il m'a été difficile de garder mon calme, tant ma colère était grande.

Après avoir isolé ce pauvre jeune homme désemparé par la perte de son enfant, je prends l'aide-soignante à part pour la sermonner de son inconscience.

Elle me rétorque naïvement :

-Il a demandé à m'accompagner à la morgue.
-Et le double choc ? Vous y avez pensé ? Cet homme vient de perdre son enfant et vous l'introduisez dans les parties techniques, interdites au public ?

Vous êtes inconsciente ou quoi ? Nous ne sommes pas dans une série américaine ou l'on présente les défunts dans les cellules. Vous imaginez le choc ?

Mes réflexions restèrent sans réponses de sa part. Ce qui ne fit que redoubler ma colère devant son silence qui relevait pour moi de l'incompréhension face à mon ressentiment justifié. Un tel comportement parait impensable, et pourtant, c'est sur moi que c'est arrivé ! Je n'ai pu décolérer de toute la matinée, j'avais en moi la vision de ce père déchiré par la douleur, et l'autre, insensible, complètement à côté de la plaque, avec un manque évident d'éthique avéré, c'est ce que je ressentais. Là ce n'était plus un déficit d'empathie pour moi, mais un déni ! Heureusement c'est un cas isolé, mais il y en a. L'administration désigne ce genre de situation comme un événement indésirable, et de ce fait il est nécessaire d'informer la hiérarchie en rédigeant un formulaire type afin d'éviter un renouvellement de ce fait.

Mais la plupart du temps, ça ne va pas loin, c'est presque inutile, direction la corbeille. Il y a tant à faire dans l'hôpital.

LE DEUIL PERINATAL

La perte d'un enfant désiré est toujours particulièrement douloureuse et difficile à assumer. Vécu comme une injustice criante, le deuil périnatal est un traumatisme pour les parents et surtout la mère.

Il y a encore quelques années, lorsqu'un enfant mourait en naissant ou in-utero, on pensait qu'il était préférable que les parents ne voient pas l'enfant, et parfois sans indiquer le sexe. Et ce, afin qu'ils oublient très vite en attendant la venue d'un autre enfant le plus tôt possible. Comme s'il s'agissait d'une injonction de l'oubli.

Ce qui montre le malaise qu'avait le corps médical devant cette disparition qu'elle ne pouvait prévoir malgré toute sa science.

Ignoble ! Le déni, le refus de l'évoquer, c'est ce que j'appelle la conspiration du silence ! En fait on refusait que cet enfant n'eût jamais existé dans sa vie intra-utérine. Mais comment évoquer un remplacement de cet enfant mort-né injustement, arraché à la vie ?

Car c'est bien ce qui se disait il y a encore quelques années :

« Elle en aura un autre !»

Aujourd'hui, les parents doivent pouvoir faire le deuil de cet enfant avec lequel ils ont vécu plusieurs mois. Surtout pour la mère qui l'a porté dans son ventre et senti l'évolution de cette graine qui devient la vie, et subitement, la mort s'en empare et lui ôte ce qu'elle a de plus chère ! Ce n'est plus une souffrance mais un arrachement qui devient une agonie de l'âme.

Il y a un vide juridique et rituel pour le deuil périnatal ce qui le rend encore plus pénible et douloureux à surmonter.

Car le devenir du corps en préoccupe beaucoup.

C'est d'autant plus dur lorsqu'il s'agit d'enfant mort avant terme. Le choix proposé aux parents est violent.

Seul le corps médical peut amener des réponses à cette injustice, car pour la mère affectée par ce drame, elle le vit comme tel et ne s'effacera jamais ! Il restera enfoui au fond d'elle. Un choix leur est présenté : Organiser des obsèques ou confier le corps à l'hôpital, qui après un délai de dix jours sera envoyé au crématorium comme pièce anatomique. Ce qui est violent !

Ou, si les parents l'acceptent, le corps est confié à un examen de fœtopathologie. Cet acte médical est dans la continuité de la prise en charge de la grossesse. Ce qui permet d'aboutir à un diagnostic aussi précis que possible de l'échec de la grossesse. Autopsie fœtale, précédée d'un examen radiographique. Celui-ci est suivi d'un examen histologique des prélèvements tissulaires pratiqués lors de cette autopsie réalisée dans l'intérêt direct du couple. Ce qui permet de mieux traiter et d'éviter une récurrence de cette pathologie fœtale.

L'absence de cet examen, aussi dur qu'il puisse paraître pour les parents représente une véritable perte de chances pour le suivi d'une grossesse ultérieure.

Pour la mère endeuillée le sentiment de frustration et de jalousie envers les autres mères qui ont des enfants peut apparaître. Ce qui est logique dans les phases du deuil. L'acceptation est la phase la plus difficile.

Décision difficile à prendre quand on est dans une telle dimension émotionnelle ou la dépression est une évidence. Le dilemme est terrible.

Le besoin d'un après est nécessaire. L'enfant n'a eu de vie que dans le ventre de la mère. Ou est-il ? Certes, il n'avait pas d'existence comme un vivant qui est mort et connu. Comment évoquer un remplacement de cet enfant mort-né ? Et comment retrouver un équilibre de vie ? Horrible ! Il y a une phase de réorganisation qui peut être longue, les obsèques sont dans ce cas une aide pour se reconstruire.

LE REFOULEMENT DE LA MORT

Si les rites funéraires s'estompent et se modifient, à la suite des affaires Vincent Humbert et Chantal Sébire, des voix se sont élevées pour revendiquer le droit de mourir dans la dignité.

La loi Léonetti Loi 2016-87 du 2 février 2016, définitivement adoptée permet à toute personne le droit d'une fin de vie digne et apaisée.

Là, ce n'est plus fuir ou occulter la mort, mais bien une recherche de maîtrise de cette dernière.

La création des unités de soins palliatifs permet aux patients atteints d'une pathologie incurable de partir sans souffrance. Mais c'est aussi un accompagnement du patient jusqu'à son dernier souffle.

Que faire lorsque le savoir du corps médical reste impuissant pour un malade rongé par une pathologie incurable et qui souffre ? Autrefois, se sachant impuissant face à cette maladie on priait à côté du malade pour apaiser ses souffrances, et pour les croyants, la volonté de dieu s'exerçait. Mais maintenant, à vouloir le déni de la mort par la sacralisation de la science et de sa toute-puissance technique capable de reculer la date ultime, on finit par oublier que nous ne sommes que des humains, donc mortels. Et nous en oublions le questionnement spirituel de notre vie.

Doit-on s'acharner sur un malade pour lequel on ne peut rien ? Cet acharnement borné est pour moi un manque d'humanisme. Certes la vie est sacrée, mais la souffrance intolérable. Et faire la nique à la mort est impossible.

Que dire de ce courant d'obstinés, qui se nomme transhumanisme ?

Partant du principe que tous les moyens scientifiques sont bons pour améliorer les conditions physiques et prolonger la vie (au-delà de toute éthique !) dans le corps humain.

Parmi ces moyens, la mise au point d'organes artificiels. Se priver des progrès de la science serait une absurdité, mais de là à envisager une société d'humains mi robots à l'image de robocop laisse froid dans le dos. Ceux qui envisage une telle perspective devrait se rendre à l'évidence, on ne joue pas au créateur, la mort qui aura toujours le dernier mot est là pour nous le rappeler.

Aussi les unités de soins palliatifs sont nécessaires. Encore faut-il posséder une force de caractère et un détachement permanent vis-à-vis de ces personnes pour exercer dans ces services de soins.

Des liens affectifs peuvent se créer avec des patients et trop d'empathie peut engendrer des problèmes neurophysiologiques. Nous ne sommes que des humains, avec nos forces et nos faiblesses. Exercer cette profession est un sacerdoce.

L'empathie raisonnée n'engendre pas de conséquence, mais son excès se retourne inévitablement contre le personnel soignant.

Et pour les familles c'est encore plus difficile. Lorsque le corps médical est impuissant devant la maladie qui amène l'inévitable venue de la faucheuse avec sa lenteur presque sadique.

Quand l'annonce du décès arrive c'est une lourde tâche pour les médecins que de s'adresser aux familles. Ultime combat contre un ennemi imbattable contre lequel on ne peut certainement que négocier le moment du trépas par le progrès de la science mais pas de sa venue inévitable.

Les médecins le savent. La famille ouvre sa boite de Pandore, seule arme qu'elle possède, car on espère toujours pour ceux que l'on aime en vain ! La comédie se met en place tout doucement devant une fin inéluctable que l'on refuse d'accepter.

Aucun de nous n'est condamnable ! Les religions nous enseignent la résignation d'une fin de vie normale pour nous rassurer. Mais c'est l'amour qui est en nous qui n'accepte pas la fin tragique, car la disparition de ceux que nous aimons nous rend malheureux.

La preuve en est en lorsque je constate l'acharnement que nous avons de fleurir les tombes de nos chers disparus dont la chaleur de la flamme est éteinte pour leur prouver qu'ils sont toujours dans nos cœurs.

Le regard de la mort se pose aussi sur ces fleurs que nous déposons avec amour et respect pour ceux qui nous manquent.

Fragiles et pitoyables témoignages de nos sentiments pour nos proches sur des tombes, aussi froides que la mort ! Ils deviennent des trophées de cette grande faucheuse qui s'acharne à les détruire en riant, avec la complicité du soleil qui les fanent. Et le vent qui dispersent leurs pétales semble nous rappeler par cet autre symbole, la fragilité de la vie qui est entre les mains de la Maîtresse -Mort depuis la naissance.

Toutes sépultures attestent l'existence d'une communauté humaine et de sa réflexion existentialiste. C'est la réponse aux mystères de la mort et de la vie par sa mentalité cultuelle.

Le cimetière, ce jardin sacré du deuil, censé atténuer la douleur provoquée par la disparition de nos proches, est aussi le symbole de l'absence de ces derniers qui nous rappelle notre vulnérabilité.

C'est l'image dédoublé de la ville ou du village. Cité des morts installée par les vivants. C'est l'Agora des deux mondes, ce lieu est l'entretient de la mémoire de nos disparus, l'oubli étant la deuxième mort.

Sa manifestation muette s'impose dans sa représentation et nous inflige l'humilité devant notre inévitable devenir. En pourrait-il être autrement ?

Lieu d'adoucissement qui donne l'illusion du sommeil, en ce lieu règne le silence du recueillement.

Son étymologie : koimétérion, qui signifie dortoir, ou dormitoire autrefois, montre bien l'espérance de retrouvaille entre les vivants et les morts dans un monde meilleur.

Le cimetière est bien le lieu d'éternité. C'est l'institution qui reflète l'image de la mort qu'imagine la société dans laquelle il se situe, et la réponse qu'il amène à ces mystères dont nous ne possédons pas la réponse.

Les cimetières sont les jardins de la mémoire de nos proches que nous célébrons rituellement à des dates précises, et cela depuis très longtemps.

Encore plus déshumanisé pour le recueillement le jardin du souvenir ou sont éparpillée les cendres des défunts incinérés qui sont à l'inverse des cimetières qui parfois révèlent des mausolées érigés au souvenir des défunts.

Un passage dans un cimetière tel que celui du Père-Lachaise en est un témoignage flagrant qui révèle le vertige que procure le mystère du trépas et le culte que nous rendons aux disparus.

Temple de la mort, lieu sacré, entouré de légendes qui témoignent que dans les temps passés l'intrusion illégitime et le non-respect du aux défunts pouvaient provoquer des châtiments venus d'outre-tombe.

Ce qui n'est plus le cas aujourd'hui lorsqu'on sait que des tombes sont détruites, taguées, profanées parce ce qu'elles sont d'une communauté religieuse que certains se plaisent à haïr ! La bêtise n'a aucune limite chez certains individus, elle peut se révéler vertigineuse et donne la nausée de nos prochains, tout au moins pour ce genre d'individus ou il est difficile de pardonner de tels actes insensés.

LA MORT, CE GRAND MYSTERE

Mais la mort reste encore le grand mystère, tout comme l'apparition de la vie. Certes, la durée de vie rallonge, mais aucune culture ne pouvant apprivoiser la mort, dans la société occidentale d'aujourd'hui, nous l'occultons, tout au moins en France.

C'est vers l'âge de huit ans que l'enfant s'interroge sur la mort, mais aussi sur la disparition de ses proches, notamment des parents. Ensuite cette idée s'occulte bizarrement comme un déni. Elle peut réapparaître dans certaines circonstances.

Curieusement le huit lorsqu'il est basculé horizontalement, symbolise l'infini ! ∞

La figure géométrique qui symbolise le 8 est l'octogone et cet octogone matérialise dans la symbolique chrétienne le signe de la renaissance et de la résurrection.

C'est le lien entre le monde matériel et spirituel.

Dans notre pays nous avons occulté la mort depuis semble-il la moitié du vingtième siècle. Ce qui je pense est dû, en partie aux théories des philosophes matérialistes et marxistes du dix-huitième et dix-neuvième siècle affirmant haut et fort qu'avec la mort physique il s'ensuivait inévitablement la disparition du principe pensant, la conscience !

Jusqu'au milieu du vingtième siècle, la mort se présentait bien souvent au domicile du malade. Celui-ci, lorsqu'il était conscient et entouré des siens, se sachant proche du trépas demandait, pour les croyants, à voir un prêtre afin de recevoir les saints sacrements de l'extrême onction.

On allumait une bougie à la fenêtre de la chambre du mourant qui serait soufflée au moment de sa mort. La bougie était soufflée pour rappeler que dans l'Ancien testament c'est en insufflant son souffle, dans les narines d'Adam que Dieu lui donnait la vie, à la quatrième heure. Auparavant c'était un golem, une masse informe !

En soufflant cette bougie les croyants reconnaissaient le rappel à Dieu. Ensuite, la mise en place de draperies noires à la porte d'entrée du domicile avec la veillée de prières. Les proches se recueillaient dans la chambre du défunt et présentaient leurs condoléances à la famille. L'annonce du décès et des funérailles se faisaient sur une enveloppe à bordure noire, remplacée de nos jours par de simple avis de décès dans la presse, qui sont fort onéreux d'ailleurs ! Ce que je trouve scandaleux, il faut reconnaître que la mort est un marché lucratif. Quant aux condoléances, avec sanglots, étreinte et poignées de main, un simple registre avec la signature des participants de la cérémonie les remplace bien souvent.

Après l'inhumation, il se déroulait un repas d'agrégation avec les proches. Le port de vêtements sombres pour marquer le deuil qui durait un temps assez long était coutumier.

Ceci n'existe plus dans la France d'aujourd'hui. Cachez cette mort qui vous appartient ! La vie continue, enfin la nôtre, la vôtre ! Alors ce deuil cachez le s'il vous plaît ! Société déshumanisée qui n'accepte plus ce déroulement logique de tout un chacun dont personne ne peut s'exclure. Homo homini lupus est, disait Plaute. L'homme est un loup pour l'homme, cette citation aussi vieille qu'elle soit reflète bien l'image de la société occidentale matérialiste qui n'a que faire de son prochain si ce n'est que dans ses capacités de rentabilité pour l'oligarchie dirigeante. Si ce n'est que nous sommes tous impuissants devant la mort.

Le dramaturge grecque Sophocle l'exprime très bien dans l'hymne à l'homme de son Antigone :
« Bien armé contre tout, il n'est désarmé contre rien de ce que peut lui offrir l'avenir. Contre la mort seule, il n'aura jamais de charme permettant de lui échapper, bien qu'il ait déjà su, contre les maladies plus opiniâtres, imaginer un remède. »

Aussi ingénieux que nous soyons nous ne pouvons la vaincre. Toute action à ses limites. Et quel que soit les maladies sur lesquelles nous trouvons des remèdes, la mort ne recule pas, elle ne plie pas malgré nos efforts pour la faire reculer. Patiente comme un charognard, sans sentiments, elle prend et ne rends jamais !

Être indifférent devant elle relèverait de ce que les grecs nommaient l'hybris, à savoir un péché d'orgueil de démesure ou l'homme ne respecterait pas sa place dans l'univers et son mépris de la mort, voire son refus. Hérodote l'exprime par cet exemple :

Regarde les animaux qui sont d'une taille exceptionnelle. Le ciel les foudroie et ne les laisse pas jouir de leur supériorité, mais les petits n'excitent point sa jalousie.

Regarde les maisons les plus hautes, et les arbres aussi. Sur eux descend la foudre, car le ciel rabaisse toujours ce qui dépasse la mesure. (Hérodote VII 8)

Nous devons prendre conscience de cette mortalité et faire la paix avec notre propre mort, l'accepter et vivre intensément nos vies.

LE DEUIL

Le processus de deuil passe par plusieurs périodes.
La période de choc par l'annonce du décès qui est la perte de la personne aimée, ce qui peut être un traumatisme si la mort est subite, plonge dans la stupeur et la stupéfaction qui sont dans les premières réactions. Ou la prise de conscience de l'issue fatale due à une maladie. Parfois celle-ci se traduit par une phase de protestation et de colère contre le corps médical qui est un conflit entre la représentation de la perte et l'attachement affectif toujours présent.
C'est la période de dépression, la phase la plus longue du deuil. La souffrance intérieure s'installe, c'est celle de l'âme qui se transmet au corps. C'est la période de non-vie provoqué par le décès du défunt qui laisse un vide irremplaçable. La chaleur de cette présence n'est plus. La vie quotidienne vide et sans signification, toujours envahie par les souvenirs du passé avec le défunt. L'absence de cette voix, de ce visage qui finira par s'estomper dans le temps. Cet arrachement nous apparaît avec violence. Nous prenons conscience du côté éphémère de nos vies, de cette fragilité qui est la nôtre et qui nous rends plus humains !

Dans cette dépression, le repli sur soi apparaît ainsi que l'irritabilité et l'agitation, avec des problèmes physiologiques, tel que la perte d'appétit ou le manque de sommeil.

Et bien souvent regrets et culpabilité. C'est le moment où le besoin de soutien et d'affection des proches est nécessaire. Savoir écouter et respecter les coutumes et silences de l'endeuillé.

La mort est une tragédie pour ceux qui restent, pas pour ceux qui partent.

L'apparition du deuil provoque une foule de réflexions sur soi.

Qu'aurai-je fait de ma vie lorsque l'heure sera venue de partir ? Qu'aurai-je laissé derrière moi ? Mon existence sera-t-elle évoquée avec regrets par mes descendants ? Ou serai-je englouti dans l'oubli du néant ? Que laisserai-je ?

Lequel d'entre nous ne s'est interrogés sur sa propre finitude. La mort de l'autre qui amène le deuil nous amène inévitablement à cette introspection. L'absurdité de la vie d'aujourd'hui, absente de spiritualité pour la plupart d'entre nous occulte que demain peut s'arrêter à tout jamais sans aucuns présages. Cette prise de conscience amène aussi remords et regrets pour le disparu. Elle devrait briser cette coquille d'égocentrisme qui nous emprisonne et aller vers les autres.

Aussi pour reprendre le cours de notre vie le deuil est essentiel par la dernière phase, qui est celle de la réorganisation. C'est l'acceptation de la disparition du défunt avec le rétablissement de nos activités habituelles, et l'aptitude au plaisir avec ceux qui nous entourent. Période durant laquelle nous prenons conscience d'avoir traversé un deuil, ce qui modifie nos comportements avec la vie.

La phase peut être assez longue suivant les personnes endeuillées et les émotions qui les traversent. Celles-ci variant d'une personne à une autre. Chaque deuil, chaque cas est particulier et son évolution est unique.

D'après les spécialistes il peut varier de neuf mois à deux ans. Des périodes de dépressions peuvent apparaître lors de la date anniversaire du décès ou des fêtes traditionnelles de famille.

Tout dépend de la nature du lien et de l'attachement avec le vécu du défunt et de la personnalité de l'endeuillé. Il faut accepter d'accueillir les réactions de l'endeuillé avec sérénité. A savoir sa tristesse mais aussi des passages d'agressivité qu'il faut prendre sur soi et non pas pour soi. La société moderne a occulté également cette épreuve difficile, ce qui fait que le deuil se porte sans s'extérioriser, plus de vêtements sombres !

La veillée funéraire à domicile est devenue une pratique beaucoup plus rare de nos jours. Les règles d'hygiène en ce domaine sont très strictes et rigoureuses pour les retours de corps à domicile, ce qui est logique. Ces règles font appel à la thanatopraxie.

LES CHIRURGIENS POST-MORTEM

Les chirurgiens post-mortem que sont les thanatopracteurs assurent la conservation et la restauration des corps, afin de les rendre plus présentable aux familles pour faciliter le passage du deuil.

Ces thanatopracteurs redonnent de la dignité aux défunts pour adoucir le masque rigide de la mort, et retarder les effets de la thanatomorphose (décomposition post-mortem du corps) Pour toutes familles endeuillées la perception du visage du défunt est essentielle pour retrouver le vrai visage du parent, reposé, sans fard ! Reconnaissable et ressemblant. De manière à laisser une image magnifiée du défunt pour réussir sa sortie vers son après qui sera gravée dans les mémoires de la famille. Il arrive parfois que des familles soient exigeantes dans ce domaine. Mais si l'esthétique trouve sa valeur en ce lieu, nul n'est tenu à l'impossible.

Ce n'est pas de l'embaumement, mais une technique nommée IFT (injection formolée temporaire), invention du XIXe siècle du pharmacien Jean-Nicolas Gannal, qui retarde la décomposition du corps. Et ce après injection d'un fluide de conservation tout en drainant les liquides biologiques hors du corps.

Profession sévèrement encadrée, ces travailleurs n'ont rien de morbides, et pourtant éveillent de la curiosité. Je connais plusieurs de ces professionnels et qui sont pour la plupart des jeunes femmes, et pleine de vie. Bien souvent lorsque des aides-soignantes amènent un défunt, il arrive qu'un ou une thanatopractrice soit présent dans la salle de préparation. C'est tout de suite l'interrogation.

Comment peuvent-elles ? A cet âge travailler sur des morts ? Leur réponse est bien souvent la même avec une pointe d'ironie qui n'a rien de morbide, mais bien plus réaliste : « Vous avez plus à craindre des vivants que des morts. »

Leur rôle est d'humaniser la mort, après tout ce n'est pas nouveau.

Si nous ignorons tous des rites funéraires de nos lointains ancêtres, nous savons qu'ils prenaient soins de leurs morts. Ce qui prouve une ébauche de recherche spirituelle chez nos aïeuls qui se questionnaient sur cet après. Le respect de la dépouille du défunt semble inscrit dans l'attitude de l'espèce humaine, ou le questionnement du mystère de la mort égale celui de l'apparition de la vie qui sont liés tous les deux.

Le témoignage le plus flagrant à mon regard est celui de l'Egypte antique. Les égyptiens n'aimaient pas utiliser le mot mort, mais l'autre rive, après avoir effectué la traversée sur la barque solaire. Il en était de même pour les celtes qui les nommaient les rives argentées.

Les égyptiens les préparaient avec un rituel imposant, car pour eux elle n'était pas une fin mais une transition entre deux mondes. Rituel si imposant qu'il fascine encore de nos jours. Qui n'a pas été attiré par une exposition de l'Egypte ancienne et de ses sarcophages de souverains rendus immortels par le seul fait qu'ils sont encore présents dans les musées. Ce qui prouve que depuis l'aube des temps les hommes se penchent sur la question de la mort qui les fascine et craignent. Car tout est permis dans ce domaine, il y a les croyances religieuses qui expliquent l'après vie et nos croyances personnelles qui relèvent de nos réflexions qui nous sont propres.

LA MORT DESACRALISEE

La France, à vue un rejet des pratiques mortuaires depuis la période des années 1960. Tout au moins pour les chrétiens.

Que s'est-il passé ? Depuis la révolution de 1789 et la séparation de l'Église et de l'État en 1905, l'emprise de la religion s'est considérablement affaiblie dans la société française. Il est vrai que la religion usait de son pouvoir et de son autorité pour bloquer les progrès scientifiques et maintenir les masses dans l'ignorance.

En exemple : Après la découverte et l'application de l'imprimerie par Gutenberg, lors de l'élection du pape Guillo III : Les cardinaux déclaraient que la lecture de l'évangile devait être autorisée le moins possible, spécialement en langues modernes et seulement dans les pays sous son autorité. Le peu qui était lu, et généralement à la messe suffisait et il devait être défendu à quiconque d'en lire plus!

Et d'ajouter pour eux même : Tant que le peuple se contentera de ce peu, vos intérêts prospéreront, mais sitôt qu'il voudra en lire plus, vos intérêts commenceront à souffrir. Belle preuve de maintenir l'obscurantisme pour mieux manipuler les masses !

Ils récidiveront plus tard avec les encyclopédistes, en vain !

La destruction du pouvoir religieux eut pour conséquence une désertification progressive des lieux de cultes en France qui n'ont pas su s'adapter aux changements des mentalités de la vie occidentale.

Sans la destruction de l'emprise religieuse, nul doute que les progrès scientifiques, notamment en médecine et anatomie n'auraient pu voir le jour.

Toutefois la religion amenait une explication de la mort, un caractère sacré qui calmait les esprits puisqu'elle présentait la mort non comme une fin mais comme un passage entre deux mondes. On se résignait à l'annonce de la mort. Certes avec douleurs, mais on s'y résignait. Le vrai croyant ne craint pas la mort, mais le jugement post mortem.

La science d'aujourd'hui s'efforce de repousser les limites de la vie, mais en aucun cas elle ne peut répondre à l'inaltérable angoisse existentielle !

Cependant, il nous faut y répondre. Le philosophe Platon enseignait que philosopher c'est apprendre à mourir. Mais ceci est tout autant complexe dans son cheminement.

Philosopher c'est naitre à la connaissance, mais pour cela nous devons mourir à l'ignorance et réfléchir à ce qui est le plus important dans le chemin de notre vie.

Il nous faut accepter et intégrer notre mort future, puisqu'elle est en nous dès la naissance. Sœur jumelle de la vie, inséparable l'une de l'autre, tel le yin et yang qui sont indissociable de notre cycle. C'est aussi s'interroger sur un après et de ce fait ne plus le craindre. Mais dans notre société de consommations, ou tout n'est qu'apparence et paraître ! Ou se trouve la place pour penser et réfléchir au sens de la vie, qui inévitablement conduit à cette fin inéluctable, la mort.

Cette mort revêt bien des aspects qui bien souvent peuvent nous troubler par sa diversité.

Mort naturelle. Mort qui arrive parce que le corps est usé. Mort violente, provoquée par autrui ! Ou par manipulation de personnes fragilisées, entre les griffes de pseudos gourous qui servent les desseins de ces malades avides d'imposer leurs idées et transforment ces pauvres types en monstres aux regards de l'humanité.

Il suffit de regarder autour de nous par la destruction massive provoquée par le terrorisme à travers le monde et la lâcheté de ceux qui nous dirigent pour éradiquer cette gangrène. Le drame est insupportable dans ces cas-là. Vies fauchées par la connerie des hommes qui n'en sont pas et qui pourtant se prennent pour des exemples.

Mais aussi, mort par un excès de vitesse, attitude irréfléchie qui bien souvent fauche des vies de jeunesses insouciantes qui ne cherchaient qu'à dévorer la vie et qui brise des familles par leur autodestruction inconsciente.

Voire aussi par usage excessif chronique de l'alcool ou de substances illicites. La mort leur sourit patiemment en contemplant leur déchéance journalière de cet emprisonnement dans ce jardin aux fleurs vénéneuses dont ils sont conscients, mais dont ils ne peuvent se détacher de ses parfums tentaculaires. Pourquoi cette autodestruction alors que la vie est un cadeau ?

Vaste introspection que celui de notre psyché, bien plus fragile qu'on ne l'imagine.

Si l'homme possède des forces de caractères, il existe en lui des forces obscures qui, s'il manque de fermeté peuvent le détruire. J'ai vu des cas de morts liés à cet esclavage, et c'est d'une tristesse inimaginable pour les proches. Contempler le désarroi des proches est inimaginable et insoutenable, car un seul mot m'apparaissait dans ces moments : Le gâchis !

Les causes de la mort sont multiples, mais celles qui sont les plus horribles sont celles qui sont provoquées par autrui.

Je n'ai jamais pu rester de marbre devant les douleurs, les cris et les larmes d'une famille atteinte par une mort provoquée consciemment, ou inconsciemment par autrui.

Surtout lorsqu'il s'agit des mineurs. C'est un événement qui vous marque en vous laissant un goût amer de vos congénères ou le dégoût et la colère se mêlent devant autant de conneries. La violence semble ancrée dans les gènes de certains d'entre eux et l'utilise sans réfléchir aux conséquences dramatiques qu'elle entraine. Sans état d'âme ! Comme si l'explosion de cette violence était une force de caractère, et surtout de plus en plus chez les jeunes, les faits divers sont là pour nous rappeler cette banalisation de la violence dont ils n'ont pas conscience et qui ne devrait pas être, hélas !

La dernière est la plus courante, mais la plus révélatrice de la fragilité de nos vies. Lorsque la mort décide d'ôter la vie suite à une maladie avec une longue agonie ou le patient termine dans une unité de soins palliatifs, soit dans un Ehpad.

Et pour certains dans une maison de retraite ou la vie s'étiole doucement comme une perfusion qui se vide lentement sans douleurs et dans la solitude des souvenirs de vie passé que l'on ne peut retenir en vain. La vieillesse est bien un naufrage, triste fin de vie dans ces cas-là ! D'autres s'éteignent tout doucement en allant sur une planète inconnue nommée Alzheimer qui laisse un goût amer pour les proches qui assistent à cette longue déchéance.

MAISONS DE FIN DE VIE

La Maison de Retraite ! Une appellation glaçante quand on y pense. Les vieux à la Maison de retraite !

Nos chers technocrates ont trouvé le terme exact afin de déculpabiliser les plus jeunes: Ehpad, Établissement d'hébergement pour personnes âgées dépendantes. Oui, mais à condition d'en avoir les moyens !

A titre d'information : Il y a les Ehpad public et les autres qui relèvent du privé, très lucratif. Une quinzaine de groupes de maisons de retraite se partage aujourd'hui 15% des lits d'Ehpad sur l'hexagone.

Trois groupes occupent le dixième des places disponibles sur la France : A savoir : Korian, Orpéa et Domus Vi. Investissement qui rapporte gros. D'après France Info (publié le 08/06/2018) entre 2015 et 2016 le groupe Orpéa a vu son bénéfice augmenter de 70% pour atteindre 260 millions d'euros. L'argent n'a pas d'odeur c'est bien connu.

Autrefois, les anciens, nos vieux restaient à la maison. On s'occupait d'eux.

Mais la société moderne en a voulu autrement en créant des structures pour regrouper les retraités, dont certaines se sont révélées déshumanisées. Une belle invention lucrative pour ceux qui les possèdent ! Surtout avec les scandales qui parfois les éclaboussent, un peu trop souvent malheureusement ! Dans certains établissements, pas tous, certes ! La dégradation des services de soins est dû au nom de la rentabilité pour toujours plus de profit avec parfois des tarifications exorbitantes !

Je ne préfère pas épiloguer dans ce domaine, tant les témoignages sont poignants. Ce qui nous est révélé n'est que la pointe de l'iceberg, n'en déplaise ! Et pour d'autres l'occasion de se débarrasser des vieux.

Se débarrasser des vieux, c'est refuser notre devenir ! Mais reconnaissons que certaines maladies dégénératives comme Alzheimer, ou Parkinson sont très lourdes à supporter pour les familles et nécessite la prise en charge dans des institutions spécialisées. Ces deux maladies demandent un maximum d'énergie pour les proches, et malgré l'amour qu'ils possèdent, tôt ou tard ils sont contraints de se résoudre à cette solution.

Décision qui bien souvent est un arrachement en développant résignation et culpabilité, et parfois provoque des déchirements inévitables dans les familles car chacun reste sur sa douleur sans comprendre celle de l'autre qui est rejeté immédiatement, ou jugé intolérable, voire indigne.

Encore faut-il posséder les moyens pour financer la prise en charge dans ces établissements. Car tout ceci à un coup, tout comme l'inhumation, ou l'humain est une marchandise.

Terrible injustice que la vie comme dans la mort qui est un marché lucratif, n'en déplaise aux bien-pensants. Il y a des familles modestes, obligées de contracter un crédit pour assurer une inhumation décente à leurs proches. Et parfois ce sont les services sociaux de la Municipalité qui prennent en charge les frais lorsqu'il s'agit de personnes dites : indigentes, bien plus nombreuses qu'on ne l'imagine ! L'égalité n'a aucun sens dans ce domaine, si ce n'est la finalité. Le cercueil le plus luxueux du monde n'évitera pas la squelettisation de l'enveloppe charnelle, riche ou pauvre la destinée est identique !

Mais pense-t-on à l'ancien dans cet établissement de fin de vie ?

Le vieux qui se retrouve placé, selon le terme employé par certains, en maison de retraite se sent comme abandonné des siens, voire inutile. Ce qui donne l'impression d'un malaise.

On cache les vieux, notre devenir, avec cette fin inévitable qui nous attend tous ! Il suffit de se rendre dans une de ces maisons pour constater avec tristesse les regards vides et tristes de certains pensionnaires assis dans un salon ou dans leur chambre et voir la lumière de leurs yeux s'étioler tout doucement parce qu'ils sont éloignés du cercle de la vie, et parfois délaissé par leurs proches. Dans ces cas-là c'est un drame ! Triste fin de vie ou le froid de la solitude envahit la personne.

Oui, la vieillesse est un naufrage, les vieux sont des épaves. C'est ce que disait Chateaubriand. Jugement bien sévère et méprisant du grand écrivain qu'il était. S'agissait-il d'une réflexion sur l'angoisse de son devenir ? Probable ! Tout au moins c'est ce que j'en pense. Chateaubriand semblait occulté dans cette déclaration que nos vieux sont la mémoire du temps passé pour la jeunesse, et que l'expérience de leurs vies rime avec sagesse. C'est également nier la complicité des personnes âgées, nos anciens, avec les enfants que nous étions. C'est oublier notre innocence et la tolérance qu'ils avaient à notre égard avec l'amour dont ils nous enveloppaient. Sachant que tôt ou tard ils nous quitteraient car leur chemin s'arrêtera à un détour proche dont ils ignorent la date.

Cette jeunesse, ils veulent la voir et en profiter un maximum avant de franchir cette dimension ou la communication n'existe plus mais qui les amènera là où tout s'arrête. Alors donnons-leur cette chaleur dont ils ont besoin en signe d'amour et de remerciements pour ce qu'ils nous ont donnés d'eux même.

Rien n'est plus dramatique que de constater la déchéance d'un parent victime d'une maladie dégénérative. Et encore plus d'entendre un de vos enfants en bas âge, devant cette déchéance de vous dire : « Elle est là mais plus dans sa tête ».

Terrible constat d'un enfant qui nous ramène à l'évidence de ce que nous sommes : Des éphémères ! Cette remarque indubitable de l'observation innocente de l'enfant devrait nous ouvrir les yeux sur le voyage de notre vie et de notre finitude.

La vieillesse est l'image sans déguisement de la condition humaine. Mais dans notre société d'aujourd'hui on semble ignorer cette expression à l'égard de nos ainées : Nos nobles vieillards. Dommage ! Mais ça prouve le malaise.

REFOULEMENT OU DERITUALISATION ?

Alors pourquoi cette peur de la mort, à croire qu'elle est sale ! Nous l'occultons.

L'attitude que nous avons aujourd'hui face à la mort est loin des temps anciens.

La bonne mort aujourd'hui, semble être celle qui arrive pendant le sommeil, parce que le mourant ne se voit pas partir, encore que nous n'en sachons rien ! Tout n'est que suppositions de notre part. Glisse-t-on du rêve aux trépas sans douleur ? Nul ne le sait. Tandis qu'autrefois partir dans son sommeil déclenchait l'angoisse de partir dans l'état de péché, sans confession.

Cette mort était considérée comme maudite ! *Le mâle mort*, celle qui frappe par surprise. Partir sans les saints sacrements était la crainte des croyants ! Pouvait-on trouver le repos éternel ?

De nos jours lequel d'entre nous ne souhaite pas de partir avec dignité le moment venu, et sans souffrances. Et si possible avec toutes ses facultés physiologiques et mentales. Personnellement, c'est ce que je désire mais nul n'est à l'abri de partir dans un état grabataire, et ça, c'est une angoisse.

La société occidentale a désocialisé la mort. On la cache. Notre société a normalisé la souffrance, au point que certains, immergés dans la bulle de leur petit monde restent impassible devant la souffrance de l'autre. Nous devons aller vers plus d'altruisme efficace et actif pour retrouver cette humanité que la société tend à nous débarrasser de cette empathie qui est particulière à l'humain. Les pratiques et rites funéraires se modifient en France. Une déritualisation serait le terme plus exact, avec une invention de nouveaux rites plus appropriés pour satisfaire les laïques La pratique du christianisme a largement reculée, une courbe descendante s'observe en France depuis les années soixante qui voit une désertification des édifices cultuels. Les mentalités ont changé tandis que la religion reste figée ! La dérégulation des pratiques et croyances religieuses a entraîné inévitablement une désacralisation de la cérémonie funéraire.

Cérémonies, qui parfois se recomposent au gré des exigences du défunt et de son entourage en dehors de toutes exigences dogmatiques existantes. Est-ce une recherche de s'abstraire des cérémonies ritualisées qui semblent d'un autre âge, et qui ne correspond plus à nos attentes ? Probable !

Un débat devrait s'organiser dans ce sens je le pense sincèrement. Il existe des pratiques religieuses qui nous semblent obsolètes, parce que nous n'y croyons plus. Et là est le mal, parce que nous la déshumanisons cette mort ! Mais c'est elle qui apprend à parler aux humains, à nous retrouver. Les vivants ferment les yeux des morts, mais les morts nous ouvrent les yeux devant notre devenir. Devenir qui pour certains doit être occulté ! Crainte et fascination de cette finalité redoutée, refoulée, mais inévitable.

Les pratiquants des autres confessions religieuses sont plus fatalistes et résolus parce qu'elles conservent leurs traditions malgré l'évolution technologique de nos sociétés. Elles acceptent cette finalité qu'est la mort et sont attachées à leurs traditions religieuses ancestrales. Tandis que la nôtre trop engluée dans des théories matérialistes semble la refuser en considérant la religion et la spiritualité comme étant d'un âge révolu. Nous sommes tous confrontés à la mort, toujours trop tôt ! Nous refoulons ce moment, tout en sachant qu'il est inévitable.

Toutefois les rites s'estompent, se modifient ou disparaissent. Ils laissent un espace inoccupé qui rend la vie contemporaine vide de sens, parce que vidée de toute spiritualité. En les oubliant nous effaçons une partie essentielle de nous-même ! C'est le rejet de notre humanité. Et c'est là le danger !

L'UTILITE DES CEREMONIES

On semble oublier que la présentation du mort avant son départ possède plusieurs fonctions.

La première est de lui conserver ses attributs d'être humain qui permettra de favoriser l'expression du chagrin pour les proches. La seconde fonction est de signifier au défunt par sa présentation qu'on lui rend un dernier hommage et qu'on le donne en représentation du rôle qu'il a joué au sein de ce groupe humain, qui par-là même réaffirme son identité et sa cohésion. Ce qui favorise le travail de mémoire significatif d'une existence digne. Car la vraie mort, c'est l'oubli !

De ce fait, par le changement des cérémonies funéraires, nous avons occulté la mort, peut être inconsciemment, par déni !

Autrefois la cérémonie religieuse rassurait les croyants et les apaisaient dans leurs douleurs. Il y avait la résignation et l'acceptation de la disparition de cette présence mais l'espoir était présent d'un après meilleur pour ce cher disparu. Le dernier hommage au cimetière avant de rejoindre sa dernière demeure, la sépulture, est le signe manifeste que la cérémonie religieuse a été respectée suivant le rite de cette personne.

Dans les temps anciens, on pensait que les âmes non réincarnées qui revenaient hantées le monde des vivants était sans sépulture et cérémonies.

Au moyen-âge, les enfants mort- nés sans baptême étaient condamnés à errer dans les limbes, d'où l'importance des cérémonies religieuses pour sauver ces âmes de la nuit profonde de l'errance éternelle.

Chez les Dogons, qui vivent sur les hauts plateaux du Mali, la cérémonie dure plusieurs jours. A Madagascar, une cérémonie en l'hommage des défunts se déroulent bien après le décès. Les ossements du défunt sont déterrés suivant un rituel particulier. Ces deux exemples de rituels funéraires dont l'origine se trouve à l'aube des temps qui persiste prouvent l'importance que les hommes attachent à la mort, tout comme la naissance, ainsi que l'union du couple qui sont des passages.

Pour se détacher des religions l'athéisme, a remplacé ces cérémonies par d'autres qui lui sont propres. Ce qui ne lui ôte pas le caractère sacré de sa ritualité même si c'est une cérémonie laïque, qui par détournement se nomme : hommage, pour ne pas se confondre avec une religion.

THANATOPHOBIE ET REFUS

La désertification des édifices cultuels par le manque de croyance, a modifié notre vision de la mort qui apparaît comme un engloutissement vers le néant et non comme un passage vers un ailleurs. Ce qui devient un non-sens, et une angoisse pour certains qui se nomment la thanatophobie.

Celle-ci est une peur irraisonnée de la mort, mort de ses proches et de soi-même. On en trouve chez les hypocondriaques.

Je ne suis pas médecin, mais j'ai déjà eu l'occasion d'observer des comportements liés à cette névrose lors d'une présentation de corps pour un recueillement qui se traduit par une crise d'angoisse, vertiges, tremblements nerveux, augmentation du rythme cardiaque jusqu'à la perte de connaissance.

La thanatophilie est à l'inverse une fascination morbide de la mort et de tout ce qu'elle symbolise.

A l'instar des penseurs grecs épicuriens qui s'accordaient à clamer qu'elle n'est rien, pour ne pas laisser l'angoisse s'emparer de notre raison. Ou, mieux, de se laisser submerger par le flot de l'imagination, ou l'irrationnel se développe parfois très vite dans ce domaine. Et ceci, uniquement pour nous rassurer sur les conditions de nos propres devenirs.

Aussi, le philosophe Épicure déclarait :
« La connaissance certaine que la mort n'est rien pour nous a pour conséquence que nous apprécions mieux les joies que nous offre la vie éphémère parce qu'elle n'y ajoute pas une durée illimitée, mais nous ôte au contraire le désir d'immortalité. La mort n'a aucun

rapport ni avec les vivants ni avec les morts, étant donné, qu'elle n'est rien pour les premiers et que les derniers ne sont plus. La mort n'est rien pour nous, puisque, tant que nous existons nous-mêmes, la mort n'est pas, et que, quand la mort existe, nous ne sommes plus! »

Se convaincre qu'elle n'est rien peut-elle nous ôter l'angoisse de sa venue inéluctable ? J'en doute ! Pierre Dac avec son humour habituel nous faisait remarquer que : « S*i nombres de gens ont peur de la mort, la mort ne craint personne.* »
Encore une ruse de la pensée pour s'en détourner.
L'homme aime prolonger la vie au-delà de la mort !

L'histoire ne peut s'arrêter là ! Mais Épicure nous affirmait que c'est une illusion. Quand nous serons morts, affirme-t-il, nous ne serons pas là pour regretter la vie. Nous n'aurons plus aucuns sentiments, aucunes sensations, aucune conscience d'être mort.
Ses propos traduisent bien le déni d'Épicure que provoque l'angoisse de cette mort que nous ne connaissons pas !
Mais pour Épicure, le problème va au-delà ! Ce n'est pas la mort en elle-même qu'aucun de nous ne connaît, qu'il redoute, mais ce qui la précède !
L'agonie ! Il est tout à fait légitime de redouter les affres qui précèdent la mort.
Autrefois, la prière était censée apaiser le mourant et le préparer pour le grand voyage. Aujourd'hui, la médecine prescrit de puissants antalgiques qui permettent aux patients de s'éteindre sans souffrir !

LA TRIPLE ENIGME

Partir sans souffrance n'ôte pas la grande question à laquelle, aucun vivant n'a de réponse, si ce n'est des suppositions. Elles sont les reflets de l'éducation, et des réflexions personnelles, si toutefois la personne possède la puissance de penser par elle-même, au-delà de ce qui lui a été inculqué dès sa plus tendre enfance par sa famille. Et dans certains pays par obligation d'une doctrine imposée par le pouvoir en place qui condamne toutes réflexions différentes de celles qui s'éloignent du dogme établi.

C'est la grande question, à savoir, pourquoi mourir, et après ?... C'est fini !

Ou bien existe-il un ailleurs... ?

Nul ne sait ! Seul l'espoir nous tient.

La triple énigme nous apparaît :

Qui suis-je ? D'où je viens ? Ou vais-je ?

Avec cette autre question que nous pourrions ajouter :

Existe-t-il une intention et si oui, pourquoi ?

Prendre conscience du caractère éphémère de la vie, c'est reconnaître que la mort dépose son ombre sur la vie, et nous escorte dès la naissance. Elle intervient à une date que nous ignorons tous, elle nous enveloppe de son long manteau de nuit sans lune dès la naissance, avec cette phrase qui reste sans réponse pour nous : Pourquoi devons-nous mourir ?

L'angoisse qu'éprouvent certains à son égard provient du fait que ne savons rien d'elle. L'inconnu effraie, fascine et angoisse. Et depuis les temps les plus reculés pour donner un sens à la contingence de la vie, les hommes ont éprouvés le besoin de se regrouper dans des lieux qu'ils considèrent comme sacrés afin de célébrer le cycle de la vie et de la mort. En regardant de plus près, force est de constater, que les hommes, et ce depuis l'aube des temps érigèrent des édifices cultuels en l'honneur du mystère de la vie et de la mort dans des constructions qui dépassaient de loin leurs conditions de vie modeste. Ce qui met en évidence l'importance que l'humanité lui attribue, et cela malgré notre fatalisme devant elle.

Bien des fantasmes sont nés rien qu'en évoquant la mort, allant jusqu'à la personnaliser. Toutes les sociétés, même les plus anciennes lui accordèrent une place privilégiée dans le cycle de la vie.

Partie intégrante et redoutée, mais soudainement rejetée dans la société contemporaine occidentale. Le matérialisme a gangréné les masses. Nous devons cet abandon de la spiritualité à notre société laïque, qui n'a fait que combattre avec acharnement la religion dogmatique qui s'opposait à la philosophie et la science. La philosophie se détournant de la sagesse pour valoriser la quête du savoir rationaliste. Cette dernière passa sous la dictature des dogmes.

Hélas ! Même de nos jours, si je me tourne vers le moyen -orient je constate les dégâts occasionnés.

La spiritualité, par la faute de pseudos théologiens se confonds avec ses caricatures que sont les sectes et leurs gourous mercantiles. Et d'un autre coté une lecture littérale et naïve des textes dit spirituels et sacrés malgré la mise en garde de la Torah : Maudit soit l'esprit de celui qui prétend que les récits de l'Ecriture n'ont d'autre signification que leur sens littéral !

Notre société trop axée sur le profit et le confort éphémère s'est vidée de spiritualité inconsciemment en laissant sur le bas-côté de nos chemins, l'existentiel, qui n'a rien de mercantile, mais bien essentiel pour notre équilibre.

LES SPECTACLES DE LA MORT

On semble dénier que bien souvent cette mort fut mise en scène et cela depuis longtemps. Les romains pratiquaient le culte de la mort avec les jeux du cirque et leurs combats de gladiateurs, et mise en scène de combats contre des animaux sauvages. Ensuite viendront les mises à mort des martyrs chrétiens.

Plus tard ces mêmes chrétiens se transformeront aussi en bourreaux par l'installation des autodafés de l'inquisition. La mort devient un spectacle avec l'exécution des condamnés à mort en public avec un raffinement sadique et une diversité impensable pour les supplices.

Ce n'est qu'en 1939 que le président du Conseil Édouard Daladier abolira les exécutions capitales en public après celle d'Eugène Weidman le 17 juin de cette même année.

Et de nos jours, il y a des gens qui se repaissent de la mise à mort des taureaux dans l'arène, brandissant la tauromachie comme une tradition culturelle. Pour d'autres, combats de chiens ou de coqs. Distractions sadiques pour des frustrés qui se prennent pour des hommes. Autant de cruauté gratuite venant de ces spectacles barbares me donne la nausée !

De nos jours, la psychosociologie montre que les hommes, surtout dans les comportements collectifs, éprouvent un attrait qui semble instinctif, voir fascinant, pour le morbide. Surtout lorsque ça ne les touche pas de près ! On le constate par l'intermédiaire des médias qui nous alimentent quotidiennement d'images de guerres et de catastrophes. Les réseaux sociaux ne sont pas en reste pour la diffusion d'images indécentes d'une extrême violence qui peut perturber les plus jeunes et les plus fragiles.

Des personnes se délectent de vidéos ou parfois la mort d'autrui est mise en scène ! Ce qui permet la manipulation par la désinformation. Le philosophe Nietzsche, expliquait ces pulsions qui poussent l'homme à éprouver de l'attrait pour les ténèbres, plus que la lumière. C'est la philosophie du pire ailleurs. Selon son explication l'homme alimente un pôle négatif qui s'oppose à la vie quotidienne. Ce qui lui permet de la voir meilleure et de se rassurer. Pour les psychosociologues ce serait une échappatoire pour évacuer la haine et la violence.

Nos adolescents ne sont pas épargnés par cette violence en s'adonnant à leurs jeux vidéo, ou l'utilisateur se transforme virtuellement en tueur impitoyable, ou chaque mort d'adversaire lui permet d'accumuler plus de records ! Ce qui peut rendre les plus fragiles déconnectés de la réalité.

Mais ce n'est qu'un jeu, me direz-vous ! Curieuse réflexion, comme si la mort était un jeu !

Est-ce une manière de l'occulter ou de l'apprivoiser ?

Est-ce par refus de l'acceptation que certains la mettent en scène ?

Ou bien est-ce de la fascination morbide ? Je n'ai pas la réponse. Sachant que de toutes manières la route s'achève pour tous. Pourquoi la refouler ?

LA MORT DE L'AUTRE ET NOUS

Alors, lequel me confrontera le premier à la vision de sa mort, qui sera le reflet de la mienne tôt ou tard ? C'est une question que chacun de nous peut se poser.

Selon la psychanalyste Elizabeth Kubler-Ross, l'annonce de la mort prochaine à un patient passe par cinq étapes qui sont : le déni, la colère, l'expression, la dépression et l'acceptation, mais sans ordre particulier. Après l'annonce du décès par le responsable du service de soins, l'épreuve est de se rendre à la chambre mortuaire de l'hôpital. Désemparé, autant que les familles meurtries par le deuil, le malaise s'installe chez le personnel soignant.

Malgré les formations de prise en charge et d'accompagnement pour ces familles, ils n'ont qu'une seule envie, se débarrasser le plus vite possible de ce moment douloureux. Il peut être ressenti comme un échec du corps médical en certains cas, lorsque le patient est d'un âge ou la maladie frappe injustement.

Ou lorsque des liens d'empathie se créent inévitablement avec le personnel soignant. Derrière chaque membre du corps médical, il y a un être humain. Certes, le travail du praticien, est de soigner et guérir, ce qui ne l'empêche pas d'avoir des sentiments qu'il masque car c'est son devoir de membre du corps médical. Mais ce n'est pas une mécanique. Ce qui fait qu'à chaque fois que le corps d'un défunt arrive à la chambre mortuaire, accompagné par des agents hospitaliers du service où se trouvait ce patient, je constate ce sentiment de refus, et parfois d'injustice quant à la mort qui frappe sans pitié.

L'accompagnement d'un défunt à la chambre mortuaire est toujours un moment éprouvant pour certains des agents hospitaliers. Mais sincèrement si on se sent incapable de s'assumer dans ce moment-là, il est préférable de changer de profession, la mort s'implique dans le milieu hospitalier et le corps médical est concerné.

Mais ces agents, sont-ils préparés à cette éventualité ? D'après les discussions que j'ai eues avec plusieurs aides-soignantes et infirmières, elles ne le sont pas ! Introduire le corps d'un défunt dans une cellule réfrigérée de la chambre mortuaire n'est pas un acte anodin. D'où ce malaise, surtout la nuit, qui rend l'atmosphère encore plus glauque avec une envie de prendre la poudre d'escampette au plus vite !

Toutefois, l'agent mortuaire, bien qu'il soit partie intégrante de l'hôpital représente un monde fermé, à part. Il s'en dégage parfois un mélange de curiosité, de peur et de fascination.

Les remarques sont toujours identiques et parfois péjoratives déclenchant de l'irritation de la part des agents de la chambre mortuaire :

-Comment faites-vous ?
-*D'après vous ? J'assume et prend du recul !*
-Il faut du courage !
-*Non, c'est de l'acceptation et on se doit de maîtriser ses émotions !*
-Ce n'est pas à nous de faire ça, de vous amener les corps !
-*Ben voyons ! Ça veut dire quoi ? Ne dites rien, c'est encore mieux !*

-Ça doit être difficile ?

-*Vous croyez ? Et voir souffrir un patient en fin de vie dont vous êtes en charge, ça ne l'est pas ?*

- Voir des morts tous les jours, de quoi être dépressif ! Moi je ne pourrai pas !

-*Alors que faites-vous dans le milieu hospitalier ?*

Voici quelques exemples de propos qui s'échangent régulièrement à l'arrivé d'un patient décédé, et introduit à la chambre mortuaire.

De ce fait l'agent mortuaire est marginalisé. Pire ! Il est dévalorisé dans les services hospitaliers, et considéré bien souvent comme un fainéant pervers qui occupe un sous-emploi ! Ce qui génère des tensions et provoque un ressentit d'être un moins que rien, un raté tout juste bon à s'occuper des défunts.

Autrefois on racontait que l'on plaçait là ceux qui par leur incompétence ne trouvaient pas de travail ailleurs, ou pire les alcooliques ! Repaire d'alcoolos et de pervers, telle est la caricature qui doit être effacée afin d'obtenir une réelle reconnaissance professionnelle dans le milieu hospitalier. Et ce n'est pas demain que ça changera, hélas ! Je peux vous assurer que ça ne se bouscule pas au portillon pour l'embauche devant les chambres mortuaires ! Certains confrères d'autres Hôpitaux m'ont confié être considérés comme des pestiférés. Surtout lorsqu'ils pénètrent au self de l'hôpital. Lamentable !

Je l'ai dit plus haut le personnel soignant ne traîne pas en cet endroit, et particulièrement les plus jeunes.

Certains restent devant la salle des cellules réfrigérées, refusant d'y entrer et attendent l'intervention de l'agent et nous le disent franchement :

« Je n'aime pas cet endroit je préfère rester dans le couloir »

Comme si, les agents mortuaires étaient déshumanisés !

Et à chaque fois je leur rétorque :

« Mais que craignez-vous des morts ? Ils ont été nouveau nés, enfants, adolescents adultes ils ont aimés...Comme vous ! Prenez conscience que la mort est la conséquence inéluctable de la vie et vous avez plus à craindre des vivants que des défunts ! Nous ne sommes pas éternels !»

Et pourtant, certains services hospitaliers sont destinés à recevoir des patients en fin de vie ! Ainsi les services de réanimations ou de soins palliatifs qui s'occupent des patients dont le sort est inéluctable vers cette destinée qui est la même pour tous. Nous vivons tous pour mourir ! Le service de soins palliatifs demande beaucoup de force de la part des soignants. Quand on sait que la plupart des patients ne sortirons pas vivants du service. Comme je l'ai précisé précédemment l'empathie peut se révéler néfaste pour certains soignants.

Si ce n'est pas du dévouement, expliquez-moi ! Alors pourquoi cette répulsion devant cette fin inéluctable pour chacun d'entre nous ?

L'AGENT MORTUAIRE, UN PARIA ?

Et d'après vous, l'agent mortuaire s'épanouit en contemplant le nombre de cellules occupées ?

Non ! On prend du recul en maîtrisant nos émotions ! Ce qui n'empêche pas de mettre à rude épreuve les sens olfactifs. Pour ce qui est du visuel on finit par s'habituer, mais pas pour les odeurs !

Avec le temps qui use et les diverses pathologies rencontrées, parfois certains craquent, ce qui est bien compréhensible. Travail pénible et mal rémunéré, dénigré par la hiérarchie hospitalière, et certains responsables de Pompes Funèbres, difficile de tenir !

Mais ça, ce n'est pas dans les possibilités de tout le monde. En aucun cas on ne peut forcer un agent hospitalier à intégrer ce service, et encore moins refuser sa demande de changement d'affectation. Refuser la démission d'un agent de ce poste peut entraîner des troubles du comportement qui se traduisent par de l'agressivité, de la négligence dans le travail, voire un comportement désagréable avec les familles endeuillées et le personnel environnant, à savoir les thanatopracteurs ou les pompes funèbres.

Deux de mes collègues se sont trouvé dans cette situation qu'on appelle épuisement professionnel. Il est décrit comme un syndrome d'épuisement physique et émotionnel, qui amène au développement d'une image négative de soi inadéquate, d'attitudes négatives au travail avec perte d'implication dans ce qu'on réalise.

Cet état résulte d'une implication à long terme de situations émotionnellement récurrentes qui conduisent au burn out. Si la hiérarchie reste sourde, et c'est bien souvent le cas, l'erreur arrive par perte de vigilance. Je l'ai vu pour ces deux collègues, qui furent traités sans égards pour leurs fautes, malgré leurs alertes !

En dehors de cela aucun d'entre nous ne se considère comme pervers ou morbides.

Tâche difficile à exécuter, mais qui n'est pas reconnue et marginalisé, elle conduit parfois à cet épuisement émotionnel comme tout ce qui appartient au funéraire. Et cette remarque ne date pas d'aujourd'hui.

Depuis les temps les plus reculés ceux que l'on appelait les croque morts étaient regardés avec de la crainte et de la répulsion, comme si la mort était en eux.

Mais je considère que la tâche est noble et nécessaire. Le reposoir est pour la plupart du temps isolé des autres services, et parfois avec un minimum de communications de ces derniers. Tout dépend bien sûr de la Direction des ressources humaines du centre hospitalier. Le reposoir peut s'avérer une source de problèmes pour la Direction et les cadres. Ce qui fait que, le reposoir, moins on en parle, mieux on se porte.

Lorsque les brancardiers amènent un corps à la chambre mortuaire, dénouer le drap pour contrôler l'identité du patient défunt n'est pas un acte anodin. Nous ne savons rien de lui et on ne sait jamais dans quel état il est. Le personnel est toujours marginalisé de ce fait, ne possédant que de brefs contacts avec le peu de soignants qui transfèrent les défunts.

Être agent mortuaire est un métier difficile, il faut savoir prendre du recul sur la douleur des familles que nous recevons après l'annonce du décès.

La diplomatie, l'écoute et la patience sont de rigueur dans ce métier. Parfois nous entrons dans l'intimité de la famille. Certains membres de la famille se confient à nous. Le besoin d'expulser cette douleur par la parole se fait sentir pour eux.

Il est parfois plus facile de s'exprimer avec une personne étrangère à sa famille, plutôt qu'un proche.

Il m'est arrivé d'avoir des témoignages troublants, voir choquant !

La neutralité est de rigueur, et c'est parfois lourd à supporter et entendre.

Je me souviens d'une jeune femme qui avait réglé les obsèques de son père en demandant les prestations les moins onéreuses ! Elle ne se déplaça pas le jour des funérailles, après nous avoir confié que dans sa jeunesse son défunt père abusait d'elle.

Que dire dans un tel moment ? Un froid glacial vous envahie, vous croyez cauchemarder, mais non ! C'est bien réel ! Que penser après une telle déclaration ? Il arrive que toute la misère de l'humain nous tombe dessus en vous laissant un sentiment de dégoût pour celle-ci.

Et cet autre cas, tout aussi horrible. A la mort de son compagnon, elle apprend par les services de soins qu'il lui avait caché sa séropositivité. Pas facile à supporter tout cela !

Et il y a aussi des familles qui sont désunies et se déchirent le jour des funérailles ! Les témoignages et reproches fusent aux regards de tous sans retenues, c'est triste et consternant. Ça vous laisse un regard amer de vos congénères. Mais nous devons rester neutres et impassibles ! La douleur s'accompagne des rancœurs inadmissibles dans un tel moment. Rentrer dans l'intimité des familles et se trouver confronter à la douleur des autres n'est pas permis à tout le monde.

A mes yeux le plus grave est que bien souvent ceux qui se crêpent le chignon sont les plus dévots et les plus exigeants sur leur cérémonie et quel que soit leur culte, ce qui est un comble ! Que d'hypocrisie !

En aucun cas on ne doit rentrer dans leurs douleurs sous peine de craquer par empathie. Dire que nous sommes endurcies, je dirai un peu plus, mais uniquement parce que nous en prenons conscience en voyant la mort de celle des autres tous les jours.

Mais parfois il arrive que l'agent connaisse le défunt, ou un membre de sa famille.

Là c'est un choc pour lui aussi car il doit assurer. On ne reste pas insensible à la douleur de leurs proches. Voir des personnes âgées mourir est dans l'ordre naturel des choses, les enfants enterrent leurs parents, c'est dans la logique.

Mais quand c'est l'inverse, c'est plus douloureux, surtout lorsque vous connaissez personnellement le défunt.

Le regard des parents qui perdent leur enfant, en vous disant je devrai être à sa place, pourquoi part-il avant moi ? C'est injuste !

Je peux vous assurer que le malaise vous tombe dessus, c'est déjà un choc lorsque vous constatez que le défunt est une de vos relations amicales ; en plus vous affrontez les parents. Dur, très dur ! Il n'y a aucune réponse à donner. Inhumer ses enfants est le pire des châtiments disent les chinois. Le déroulement de nos vies nous échappe en dévoilant notre fragilité d'existence. Nous ne sommes que des poussières d'étoiles, et nos vies sont comparables à celle des éphémères.

Si les sages-femmes accompagnent le début de la vie, l'agent mortuaire accompagne la fin de la vie.

En exerçant ce métier on prend du recul et on relativise sur beaucoup d'événements du quotidien. Depuis que j'ai exercé ce travail ma vision de la vie à changer considérablement. Je sais ce qui a de l'importance pour moi et mes proches et ce qui ne l'est pas.

Ce travail demande beaucoup d'humanité, de réserve et de disponibilité pour aider les familles endeuillées.

Ce qui n'est pas permit à tout le monde. Être d'humeur égale pour humaniser un maximum l'accueil des familles tout en restant discret est le travail journalier de l'agent mortuaire, ce qui est loin d'être une évidence.

Les corps arrivant des différents services hospitaliers sont pris en charge et l'agent réceptionne les documents administratifs en assurant à ce titre l'accueil des familles et la présentation des corps, qui doivent être effectués avec toute l'attention et la dignité requise. Ensuite il informe les familles sur la procédure à suivre. Celles-ci se dirigeront vers les pompes funèbres de leur choix pour l'inhumation ou une crémation.

L'agent mortuaire doit aussi permettre aux proches du défunt de célébrer les cérémonies liées à leur pratique religieuses, dans le respect de la légalité et du recueillement des autres familles endeuillées. Ainsi, ils peuvent effectuer au sein du reposoir les toilettes rituéliques s'ils en émettent le désir, mais toujours dans le cadre du règlement de l'hôpital. Établissement laïque qui respecte les recueillements spécifiques liées aux religions comme il se doit.

J'estime pour ma part que le travail est bien accompli lorsque des membres d'une famille remercient l'équipe pour sa gentillesse et son écoute. Toutefois il y a des personnes de certaines confessions religieuses qui ne s'en soucient guère, et cherche à braver le règlement intérieur de l'établissement et violer la loi sous prétexte que leur rituel funéraire est plus important et devenir agressives avec le personnel devant un refus obligé de par la législation imposée ! Seule la Direction peut intervenir et parfois, l'intervention du procureur pour un rappel à l'ordre est nécessaire. Même s'ils s'en moquent éperdument, pour eux, seule la tradition prime toujours dans le rituel de la mort. Pas évident d'expliquer qu'il existe des lois à respecter par tous dans ce domaine !

Toutefois, l'intégrité de l'agent est requise, obligatoire ! En aucun cas il ne peut conseiller un opérateur funéraire pour une famille. Ce qui peut le conduire au pénal. La loi encadre très sévèrement cette profession. L'article de loi du code général des collectivités territorial, prévoit une amende dépassant les 10.000 €, assortit d'une peine d'emprisonnement de trois à cinq ans et suivie d'une interdiction des droits civiques, civils et de la famille : ART 131-26.

De quoi réfléchir, lorsqu'un opérateur funéraire peu scrupuleux n'hésite pas à graisser la patte d'un agent pour se voir attribué un contrat d'inhumation. Malheureusement, certains se sont fait piéger, je sais de quoi je parle.

Certains ont essayé de me faire mordre à l'hameçon, mais je n'ai pas mordu ! Tant pis pour eux !

Comme dans toutes professions, il y a des brebis galeuses pour salir l'ensemble des professionnels, qui pour une grande majorité sont des gens honnêtes.

LE CAUCHEMAR DE L'AGENT DE LA CHAMBRE MORTUAIRE

Ajoutez à cela les problèmes en cas de fautes professionnelles, Eh oui ! Une erreur peut se produire.

Laquelle me direz-vous ? La plus terrible qui soit ! Le cauchemar de l'agent de la chambre mortuaire : l'inversion de corps.

J'ai vécu indirectement cette situation pour des collègues. Le traumatisme vécu par les familles est terrible, mais pour l'agent aussi.

Après la mort du proche, le corps est échangé involontairement par un autre. Et dans ce cas, l'autorisation du procureur avec présence de la police est nécessaire pour exhumer le défunt.

Comment cela est-il possible ?

La perte de vigilance, de calme et de non-respect des procédures qui sont très strictes, dont la première est de vérifier le bracelet d'identification. Bracelet qui doit être obligatoirement contrôlé par l'agent de la chambre mortuaire, à sa sortie de cellules réfrigérées, ensuite par l'opérateur funéraire, et en certains cas lorsqu'il y a changement de commune, crémation ou sortie du territoire, par la police.

Eh bien ce jour-là, il suffit d'avoir plusieurs levées de corps rapprochées, la présence d'un thanatopracteur venant réaliser un soin de conservation sur un corps, et en plus un service amène un patient décédé, à introduire en cellules. Ajouté à cela la demande de sortie d'un corps de défunt pour prélèvement d'organes thérapeutique.

Obligatoirement, l'agent doit contrôler que le défunt est muni du bracelet d'identification, ce qui n'est pas toujours le cas ! Et accompagné d'une fiche décès avec le nom identique. Il est arrivé que les deux soit différents, et cela plus d'une fois, hélas !

Et à cet instant là des personnes se présentent pour un recueillement, ensuite un fleuriste arrive pour déposer des fleurs et ce fichu téléphone qui sonne sans arrêt ! Pas facile à gérer tout cela !

Si on ne garde pas son calme, le stress nous gagne et les problèmes s'enchaînent avec.

Car dans ce lieu, et dans ces moment-là, l'impatience gagne les gens et l'ambiance peut devenir électrique rapidement. Dans cet espace de douleurs il y a des personnes qui ne supportent pas d'attendre et perdent patience en vous investivant avec mépris rejetant leurs peines sur vous par la colère pour le moindre détail.

L'agent devient le soufre douleur, pas facile à supporter ! Garder son calme 'est loin d'être une évidence dans ce moment-là. Le stress est difficile à surmonter car la vigilance doit être permanente. Et si on se laisse aller l'erreur arrive, comme Il y a beaucoup de monde, l'attention se relâche et tout le monde se fait confiance en pensant que les autres ont vérifiés.

Mais la famille, me direz-vous, elle ne s'est pas aperçue de l'inversion de corps ?

Si le défunt doit être transfère dans une autre région, bien souvent aucuns membres de la famille n'est présent, d'où l'impossibilité de dire que ce n'est pas la bonne personne. L'opérateur fait confiance à l'agent de la chambre mortuaire et la police ne vérifie pas ! Et ce genre de situation s'est déjà déroulée plus souvent qu'on ne l'imagine.

Inévitablement, la constatation de l'erreur se découvre plus tard.

Imaginez-vous un instant à la place de cet agent ! C'est ce qu'on appelle un grand moment de solitude et de panique intérieure qui l'envahi.

Le déroulement de la suite des événements, il ne le connaît pas, mais il le redoute ! Images et pensées défilent vite dans sa tête, c'est un cauchemar !

Mais non, c'est bien réel ! C'est l'entrée dans la souffrance professionnelle pour une faute irréparable qui mène à la dépression.

Avant même d'informer la hiérarchie de l'établissement, c'est l'opérateur funéraire qui doit être informé. Le sort de l'agent dépend dès ce moment-là de la diplomatie de l'opérateur funéraire et de la hiérarchie de L'Hôpital.

Nul ne peut anticiper sur la réaction des deux familles, car il y a inversion des deux corps. Et quand ce sont des familles de confessions religieuses différentes, c'est bien pire ! Et cela s'est déjà produit ! Le rituel est différent ! C'est le blasphème !

Surtout s'il y a exhumation qui passe obligatoirement par le procureur. Des actes de violences peuvent se retourner contre les personnes, ainsi que des dégradations dans l'établissement. Ce qui est déjà arrivé.

Et si une des deux familles portent plainte, ou parfois, c'est l'opérateur funéraire qui se retourne contre l'agent de la chambre mortuaire, estimant que sa réputation professionnelle est salie par la faute de l'agent.

Là il est bon pour être auditionné par la police. Il est pris en étau car la hiérarchie de l'hôpital le sanctionne inévitablement. Il est le seul responsable, et pourtant le personnel de l'opérateur funéraire n'a vérifié le bracelet, et encore moins la police !

Ce qui est un comble, quand on sait qu'un officier de police en a la charge !

Mais c'est l'agent du reposoir qui prend tout sur ses épaules ! Il devient le bouc émissaire !

Ce que j'explique, je le répète, je l'ai vécu indirectement pour des collègues qui subirent ces épreuves qui les ont marquées définitivement. Je sais qu'on ne se remet que très difficilement de ce moment-là. Je compatissais à leurs peines.

Suivant la réaction de la hiérarchie, car c'est inévitable, la dépression guette ! Prenant pour de la comédie la dépression de l'agent, il peut descendre encore plus bas. L'agent incriminé se trouve dans une grande solitude ! Heureusement, la solidarité joue un rôle important, car nul n'est à l'abri de ce genre de situation. Et bien plus nombreuse qu'on l'imagine.

Dès mon premier entretien d'embauche je me souviens encore de la remarque d'une directrice adjointe :« Souvenez- vous que vous êtes en première ligne, vous êtes en bout de course, la moindre erreur et c'est sur vous inévitablement que ça retombera ! C'est déjà arrivé !»

Avec de tels propos on reste vigilant, par crainte de vivre une telle épreuve, surtout lorsqu'on est briffé par un collègue qui l'a vécu avec tout le cortège d'émotions qui l'accompagne.

Pour les familles des défunts c'est ressenti comme un blasphème, une atteinte à la dignité du corps et cela est bien compréhensible, surtout si l'un des deux devait être incinéré et l'autre inhumé ! C'est une douleur de plus qui s'ajoute au deuil, et qui celle-là, sera ineffaçable de leurs mémoires.

Et pour l'agent c'est tout aussi difficile. Affronter les familles dans un tel moment et présenter ses excuses est terrible !

Parfois la presse s'en mêle pour en faire ses choux gras, et comme à sa grande habitude, elle arrange ça à sa sauce vipérine au mépris de la vérité !

Lorsqu'un tel problème se présente tout le service est mobilisé avec le cadre, ainsi que la Direction de l'établissement qui est là pour apaiser les familles. De plus c'est une mauvaise pub pour l'établissement hospitalier, surtout lorsque la presse s'en mêle ! Pas bon du tout ça ! Surtout pour les responsables de la Direction, ça fait taches d'huile dans leurs dossiers de carrière !

Quant à l'agent de la chambre mortuaire, il se sent comme marqué au fer rouge. Le temps n'effacera pas son erreur. Erreur qui est considérée comme une faute professionnelle grave qui restera dans son dossier pour bloquer sa progression de carrière.

Montré du doigt, les quolibets vont bon train dès qu'il a le dos tourné. Et certains n'hésitent pas à en rajouter, surtout lorsque des membres du personnel hospitalier connaissaient le défunt, et sont de confession religieuse identique.

Dans ces moments-là, se dévoile la triste réalité du misérable comportement humain qui est pitoyable par sa bêtise et sa méchanceté gratuite. Il y a toujours des minables pour en rajouter une couche, alors qu'ils étaient absents sur les lieux ce jour-là !

S'agit-il d'une recherche de se donner de l'importance en faisant des gorges chaudes sur un événement douloureux pour lequel il n'était pas témoin ?

Si tel est le cas c'est pitoyable ! Mais de l'humain, plus rien ne m'étonne, tant par moment il peut se révéler stupide ! Ce genre de types, et j'en ai rencontré un, vous donne la nausée tant ils sont médiocres dans leurs comportements.

Le monde hospitalier n'échappe pas à cette règle ! Sous la blouse blanche de l'hospitalier se trouve un être humain avec ses qualités et ses défauts qui sont propre à l'homme. Malheureusement, la bêtise s'insinue dans tous les domaines ! Surtout quand la religion s'en mêle ! Chassez le naturel il reviendra au galop ! Parfois le vertige provient de la médiocrité environnante.

L'ENTRAVE DES RITES

D'autres douleurs peuvent apparaître dans certains décès, lié aux rites religieux.

Il y a des maladies qui nécessite une mise en bière immédiate sans toilette rituélique sous risque de contagion. Bien souvent il y a un refus de la part des familles et c'est bien compréhensible dans un tel moment.

Je me souviens d'un patient décédé d'une tuberculose aiguë.

Le service hospitalier m'avait mis en garde et précisé que cette personne de confession musulmane ne pouvait pas bénéficier de toilette rituélique, par le fait de sa maladie.

Je dû supporter les foudres de certains membres de cette famille ainsi que du représentant du culte qui insistaient hystériquement au mépris du respect des règles de l'hygiène pour réaliser cette toilette.

Pour eux, il s'agissait d'un blasphème. Mais les règles d'hygiène sont à respecter pour la sécurité de tout le monde. Déroger à un rite dans un tel moment provoque des réactions compréhensibles, cependant l'interdiction doit être expliquée.

Après mise en garde d'en informer le préfet, le ton baissa immédiatement. Mais je me souviens de ce moment très fort ou je me suis retrouvé coincé dans mon bureau. Uniquement protégé par un comptoir, devant trois femmes transformées en furies et prêtes à m'arracher les yeux devant mon refus et ma tentative d'explications qu'elles refusaient d'entendre. C'est incroyable comme on peut se sentir seul dans ces moments-là ! Dans ce genre de conflit gardez son calme est la clef de l'apaisement. Heureusement la plupart du temps, les familles sont compréhensives. Mais personnes n'est à l'abri de ce genre de situations. L'hôpital est à mon grand regret, victime d'actes de violence sur le personnel hospitalier, et soyons honnête, très peu soutenue par la hiérarchie, les DRH, et par ceux qui sont au-dessus, ce qui est un comble.

Pas étonnant si certains tombent dans le burn out (syndrome d'épuisement professionnel) Je précise que le burn out est uniquement reconnu dans le milieu hospitalier ! Ce qui est un comble quand on connaît la pression que subissent certains travailleurs de grandes entreprises.

LE MEPRIS PAR INDIFFERENCE

Un manque d'informations sur les causes du décès peut provoquer des problèmes. Toutes maladies contagieuses ayant provoquée le décès du patient doivent être mentionné à l'attention des agents qui sont dans le secret professionnel ce qui est normal.

Toutefois, il m'arriva qu'une omission du VIH par le corps médical sur un patient décédé provoqua la colère du thanatopracteur qui avait préparé ce patient. L'information fut communiquée par la famille aux pompes funèbres. Ne possédant aucune légitimité pour donner des informations je les rapprochais du cadre de santé.

L'omission affirmée par le cadre, le thanatopracteur rédigea un courrier à la Direction pour expliquer son indignation devant cette faute professionnelle. Colère légitime, lorsqu'on sait que la mâchoire des défunts est ligaturée. Malgré les gants de protection il y a toujours un risque envisageable de se piquer et de contracter ce virus avec tout ce qu'il entraîne.

Le mécontentement du Directeur et sa réaction ne se fit pas attendre et déclencha la mise en place d'une réunion du groupe décès sur le reposoir avec les cadres concernés ainsi que les agents du reposoir dont j'étais.

Au cours de cette réunion, les réflexions hautaines et méprisantes de la cadre responsable de services de soins provoquèrent ma colère.

D'après cette personne, nous n'avions pas à connaître le nom de la maladie sous prétexte selon elle que nous n'étions pas du personnel soignant, mais uniquement nous préciser qu'il s'agissait d'une maladie contagieuse. Ce qui fut le plus irritant c'est sa dernière réflexion qui me mit en colère. Je demandais à ce que nous soyons tous informé de la pathologie et cela en vue d'éliminer tout dangers de contaminations. Sa réponse inappropriée et stupide était ignoble ! « A ce moment-là, à vous entendre on ne soigne plus les personnes victimes du VIH »

Je lui rétorquais qu'Elle avait juré sur le serment d'Hippocrate de soigner tous les malades (tout en me demandant si ce n'était pas le serment de l'hypocrite).

Mais maintenir un service comme le reposoir dans l'isolement et l'ignorance des causes du décès relevait de la mise en danger de la vie d'autrui, et cela avec un mépris affiché pour ceux qui y travaillent et venant de l'extérieur, à savoir les thanatopracteurs et les agents des pompes funèbres.

Depuis cette altercation, cette brave dame me gratifia d'un sobriquet qui m'amuse beaucoup : le pitbull du reposoir. Et elle ne voulait plus de ma présence ni de celle de mon collègue, dans les prochaines réunions. Réunions qui tombèrent dans les oubliettes assez vite.

Le reposoir moins on l'évoque, mieux on se porte. Lorsqu'un Directeur se déplace en ce lieu c'est parce qu'il y a un problème grave, du genre évoqué plus haut. Et ça fait tache d'huile sur la carrière de ces messieurs, pas bon tout cela ! N'est-ce pas ?

Sinon, lorsqu'il y a un changement de Directeur, c'est bien le seul service hospitalier oublié pour se présenter au personnel. Il existe pourtant une tarification dans ce service. Rien n'est gratuit, même le séjour en chambre mortuaire ! Et il n'y a pas de morte saison dans ce domaine que je sache ! Et ce n'est pas remboursé par la Sécurité Sociale ! Mais c'est juteux comme service !

ETATS D'AME

Mais avec tous ces problèmes qui sont parfois récurrents, croyez-vous l'agent mortuaire déshumanisé, insensible ? Il y a des causes de décès qui restent gravés en nous. De ces moments-là, il est impossible de les évoquer en famille. Chacun à sa pudeur.

Comment parler de ces instants douloureux qui restent gravés dans les mémoires de l'agent mortuaire.

Évoquer ces moments en famille est impossible. Il y a des métiers comme celui-ci qui vous rendent taciturne.

Quelle famille au moment convivial du repas ne raconte pas une anecdote de sa journée de travail ? L'évoquer, permet d'évacuer le stress, de se soulager d'une crispation que vous avez retenu dans la journée avec un supérieur ou un collègue et qui vous pèse. Là, impossible !

C'est tabou !

On reste seul avec ces images et ses propos que l'on ne peut partager pour se soulager. Le fardeau devient lourd, et certaines images reviennent en boucles comme des flashes.

Son attitude en dehors du travail peut se ressentir affectée et transformé par ses visions qui le hantent.

Je sais de quoi je parle, je suis passé par cette étape ou j'étais devenu plus que désagréable. La moindre réflexion sur des affaires courantes de la vie de tous les jours me semblait si dérisoire et ridicule, que le fait de l'évoquer me mettait dans un état colérique incompréhensible pour mon entourage. Je faisais souffrir mes proches par mon attitude, alors que c'est moi qui souffrais en silence de ne pouvoir me soulager de ce vécu.

Bien sûr, ils existent des palliatifs à cela. Le premier est d'en parler entre agents. Et à ma connaissance, il n'existe aucun groupe de paroles thérapeutique, tout au moins dans l'établissement ou je travaillais à cette époque.

Ce qui est bien regrettable ! Comme toujours, la chambre mortuaire, moins on en parle mieux on se porte. Alors les problèmes des agents, eh bien après tout, ils savaient à quoi s'attendre en incorporant ce service ! On ne les a pas contraints à intégrer ce poste ! C'est ce qui m'a été répliqué par mon cadre de l'époque. Abruti, pensais-je en moi !

Comme je l'ai dit plus haut les membres des DRH ne se déplacent qu'en cas de problèmes, lorsqu'une sanction est envisageable pour un agent qui a commis une erreur, en dehors de cela ; personne ! Ces braves gens restent dans leur tour d'ivoire.

La deuxième solution est à déconseiller ; c'est de ressasser comme on le dit les souvenirs qui restent en nous.

Malheureusement, j'en ai vu certains dans le funéraire sombrer dans la dive bouteille, et d'autres dans la dépression. Et si vous sombrez dans la dépression, vous ne pouvez rester dans le funéraire. Vous en serez exclu !

Mais certains événements tragiques, tels que les attentats terroristes de Paris et de Nice laissent des traces ineffaçables dans les mémoires des ambulanciers des pompes funèbres, ainsi que le personnel hospitalier. Personnes n'est préparé à ces événements !

Un ambulancier des pompes funèbres me confia qu'après l'évacuation des victimes des attentats de Nice les consultations avec un psychologue étaient une nécessité. Les visions étaient trop fortes, que ce soit celles des forces de l'ordre, des pompiers, des soignants ou des pompes funèbres. Personnes n'étaient préparés à ces drames, l'un d'entre eux me confia que si cela devait se reproduire il n'aurait probablement pas la force de revivre cette épreuve, et on peut le comprendre. La décence était de rigueur pour les victimes de ces attentats et leurs familles endeuillées, mais le témoignage de la violence des visions me fut transmis, et ça, vous ne l'oubliez pas, même si vous n'étiez pas sur le site !

Il en était tout autant pour les représentants des cultes qui officièrent à cette période difficile, surtout lorsqu'il s'agissait de mineurs. Même un représentant du culte quel qu'il soit ne peut être insensible à un tel acte aussi barbare, surtout quand ces criminels agissent selon eux au nom de Dieu pour exécuter sa prétendue volonté !

Travailler dans ce domaine demande du caractère et de la force, il n'y a aucune perversion morbide.

Lorsque l'on me demandait dans quel service hospitalier je travaillais, ma réponse provoquait toujours un silence de quelques secondes et un changement de regard de la personne. Non comme du dégoût, mais comme de l'effarement. Comme si nous étions des êtres à part !

Dans ces moments-là j'ai toujours la sensation de provoquer un refroidissement dans l'entourage, car l'habit ne fait pas le moine. Nul ne peut deviner. Bien souvent l'attitude à ma réponse est navrante ! Nous sommes de ce fait marginalisés, comme si nous dégagions de l'impureté. Il y a des cultures ou ceux qui s'occupent d'inhumer les défunts sont rejetés, et parfois craint par les autres ! Je me souviens qu'une fois une vielle dame s'est signé d'une croix en m'entendant ! Pitoyable !

VIE & MORT... ET APRES ?

L'apparition de la vie est un mystère qui nous échappe et la mort encore plus terrible. Dans le jardin secret de chacun d'entre nous, à moins d'être atteint d'une déficience mentale, lequel peut affirmer qu'il ne s'est pas interrogé sur sa fin de vie et ce que les croyants nomment l'au-delà.

Pratiquants d'un culte ou athées en fin de vie, on s'interroge, on doute ! Dans les deux catégories, je l'affirme ! Même les athées qui peuvent penser que la mort n'est rien qu'un nom qui sert à masquer le néant dans lequel nous sombrons.

Le religieux doutera en se disant : Et s'il n'y a rien ! Ce serait terrible !

Quelle sensation atroce de disparaître dans l'engloutissement du néant pour celui qui à crut et pratiqué toute sa vie avec ferveur son culte.

Quant à ceux qui sont athées : Et si je me suis trompé, s'il y avait quelque chose ? Quelle sensation d'angoisse peut apparaître ? Dans les deux cas le doute peut s'installer. Terrible examen de conscience qui nous oblige à descendre au plus profond de notre puit.

En bonne santé, ceux-là me railleront, mais dévoré par un crabe ou une autre saloperie inguérissable, les convictions de l'être humain peuvent s'écrouler comme un château de cartes. Aussi je leurs lance le défi de ne pas y penser.

Comme le disait Épictète : *« Ne sais-tu pas que la source de toutes les misères de l'homme ce n'est pas la mort mais la crainte de la mort. »*

Ce qui fait qu'aussi loin que nous remontons dans le passé, cela effraie et inspire le respect de la grande faucheuse.

Sans doute, et ceci est une hypothèse personnelle ! Depuis les temps les plus reculés les hommes se sont interrogés sur les forces naturelles qui les terrorisaient, sachant qu'ils ne les comprenaient, ni ne les maîtrisaient. Celles-ci étant inexplicable, tout comme la mort ! Cette grande inconnue !

L'homme se créa un monde surnaturel ou la mort ne serait qu'un passage, mais à l'image, dirons-nous, hypertrophié de sa pensée, car aucun de nous ne possède la vérité que nous ignorons mais espérons. Mais je pense que c'est inné, l'homme aime prolonger la vie au-delà de la mort.

Les religions, ces inventions des hommes, rassurent les croyants dans l'espoir d'une survie, du moins d'une survie spirituelle. Ce qui fait que la mort n'est plus une fin, mais un passage. La foi en une croyance religieuse est-elle une révolte contre le destin de notre nature humaine, et qui refuse cette fin inéluctable ? Ou bien parce qu'il y a une suite que nous ne connaissons pas et que nous nommons fin !

Fin dont nous ne connaissons, ni la date ni les circonstances et les causes ! Pour certains, les croyants, tout est tracé depuis la naissance, mais pour les autres...

Et c'est peut-être la conscience de sa propre mort qui est inéluctable, sans prévoir le moment exact, que l'homme inventa l'idée de l'immortalité de l'âme, afin d'échapper au poids si lourd de sa fin que sa conscience lui révélait.

Ceci permettant une prétendue supériorité sur les autres règnes puisqu'il savait dorénavant que le prix de la vie à payer est sa mort, ce qui est lourd à porter.

PERSONNALISATION DE LA MORT

Les premiers rites funéraires seraient apparus à l'époque de l'homme de Neandertal. Ce qui nous emmène assez loin dans le temps.

Une des plus vieilles et des plus connues représentations anthropomorphes du temps et de la mort est celle du titan Chronos, portant une faux. Son père Ouranos lui avait prédit qu'il serait détrôné par ses enfants.

Afin d'échapper à cette malédiction, Chronos dévorait ses enfants.

Lassée de ces infanticides, Rhéa, son épouse substitua Zeus, le dernier, et le remplaça par une pierre enveloppée dans un linge qu'elle lui donna à manger.

Ce dernier combattit son père et lui fit recracher ses enfants qu'il avait dévorés.

Plus tard il fut détrôné, et exilé sur la terre. Il fonda une communauté agricole, cette période fut désignée comme l'âge d'or par les anciens.

Muni de sa faux qui symbolise les récoltes, et de cette manière les saisons qui rythment les cycles de l'existence. Il symbolise le cycle de la vie et le temps qui dévore tout et que rien n'arrête.

Au moyen âge, la mort est représentée sous l'apparence d'un squelette humain, vêtu d'une toge noire armée d'une faux. Parfois, elle est une très belle femme à la peau très blanche, vêtue de noir et d'une longue faux.

La représentation la plus connue de la mort est un motif artistique populaire et présent dans le folklore européen vers la fin du moyen âge, la Danse Macabre, véritable triomphe de la mort sur la vie. Elle montre le dédain de la mort pour les vanités et les distinctions sociales, le destin fauchant les grands de ce monde comme les plus démunies les entraînant vers la pourriture.

Memento mori, souviens toi que tu dois mourir, souligne cette danse macabre.

 La représentation la plus connue en France est celle de la Chaise-Dieu.

Dans l'antiquité grecque, la mort se nommait Thanatos, voilà un nom qui les rendait mal à l'aise. Même chez les dieux de l'Olympe. Et comme le dit le vieil adage, moins on en parle mieux on se porte. L'inconnu inspire toujours de la crainte et parfois du mépris ou de la haine.

Depuis que cet hominidé devenu homme existe et progresse, vers ce qu'il tend et nomme humanité, ce dernier n'a jamais autant écrit et penser que sur la fin de son existence. La mort est un déni insoutenable, un non-sens ! Car nous ne savons rien d'elle !

Aussi loin que nous remontons dans le temps, la crainte de la mort a toujours existé. Même aux périodes de la foi la plus fervente. Notre réaction, bien humaine est de l'évoquer le moins possible en paroles et en pensée.

Pourquoi une fin ? Pourquoi des êtres si chers à nos cœurs nous quittent en laissant un vide que rien ne remplace, bien après que la douleur soit partie. Car c'est bien cela qui nous reste, l'absence !

Et la naissance de cette absence nous ouvre les yeux pour nous montrer la faiblesse dérisoire de nos vies. Aussi l'homme s'inventa une histoire.

Ou plutôt il imagina ce qui pouvait se passer à la disparition de ceux qui nous sont chère, afin de se préserver de l'angoisse de la mort. Ce qui pour certain, n'est que le nom de ce qui nous tire dans l'engloutissement du néant.

La mythologie de la mort est riche, il s'agit de l'inconnu, aussi tout est possible.
 Pour un athée : après la mort physiologique, rien ne subsiste, ce qui est encore plus dramatique pour ceux-là, d'où l'angoisse qu'elle provoque pour eux ! Avec parfois des attitudes et comportements qui varient suivant le parcours de vie du défunt. Cependant en ce qui est des croyants, qui varient suivant les cultures, la certitude est que la mort physiologique n'est qu'un passage ou étape vers un ailleurs.
La plupart des cultures ont personnalisée la mort, et ceci peut être pour se rassurer, mais ceci n'est qu'une remarque personnelle. Dans ce domaine nous subissons inconsciemment un peu de notre culture ethnique, et familiale.
Dans la Rome antique on affirmait que le monde est fait plus de morts que de vivants. On craignait les défunts et les respectaient parce qu'ils les reliaient à l'indissoluble chaîne des ancêtres qui constituent la mémoire d'une civilisation. Aussi le culte des morts était important, ainsi que pour les autres cultures.
Thanatos est la personnification de la mort dans la mythologie grecque. Le poète Hésiode écrit dans sa Théogonie qu'Il serait le fils de Nix, la nuit, épouse d'Erebe, les ténèbres. Elle engendra seule Thanatos,

son frère jumeau Hypnos le sommeil, mais également son frère Moros la fatalité, ainsi que les Kères, les esprits des morts violentes. Il est assimilé à son père Erebe, les ténèbres. Associé parfois à la mort paisible en opposition aux Kères qui personnalisent la mort violente. Il est aussi un dieu psychopompe supervisé par Hermès.

Odieux aux immortels eux-mêmes, dieu terrible et haineux, haï des mortels et des autres dieux !

Fréquemment représenté sous l'apparence d'un enfant à la peau sombre, les pieds tordus et caressé par la nuit, sa mère. Parfois sans être difforme les pieds sont croisés, symbolisant la gêne du corps dans la tombe. Son cœur serait de fer, ses entrailles d'airain et son âme de bronze.

Dans le symbolisme de la mythologie grecque, l'airain et le bronze signifie la férocité et l'endurcissement de l'âme, la force brutale. Et le fer associé au dieu de la guerre Arès. La mythologie égyptienne identifiait ce métal aux os de Seth, divinité essentiellement ténébreuse.

Quant à l'astre Mars (Arès), il gouverne la vie et la mort. Dans toute les cultures le mystère de la mort est ressenti et personnifié sous des traits effrayants. Dans le Tarot la mort apparaît dans le treizième arcane majeur, qui ne possède pas de nom, signifiant ainsi son tabou. Son nombre à lui seul possède un sens maléfique suffisant et cela dès l'antiquité il symbolise le cours cyclique de la vie humaine, et son passage à un autre état, la mort. Son symbolisme se poursuit au moyen- âge chrétien pour se perpétrer encore de nos jours chez les superstitieux.

NOS ATTITUDES LORS DE LA RENCONTRE

Par le travail que j'exerce je suis à même de parler de la mort et de certains de ses rites.

Certes, mes observations sont personnelles, mais elles me permettent d'avoir plus de recul et peut-être de lucidité. Après tout, nous naissons tous du même élan pour aller à sa rencontre inévitable. Le contrat est signé dès la naissance. Le temps nous travaille et en inquiète certains. La pensée de la mort peut devenir une obsession, du fait que nous sommes dans l'ignorance de ce qu'elle est vraiment.

Cette pathologie se nomme, thanatophobie.

Curieusement, je constate que le Monde ou nous vivons, ce mot : monde, est l'anagramme de démon ! En parcourant les réflexions et attitudes courantes que j'observe au contact des personnes endeuillées. J'ai noté les émotions suivantes :

A la prise de contact première, la répulsion ! Le défunt est là, présent de chair et d'os, mains rigides, corps froid, inerte, figé ! Seul, témoin d'une existence révolue dont nous sommes l'observateur qui nous renvoie tous au même traumatisme que nous devons surmonter. Une perception apparaît, celle qui n'est autre que le renvoi de l'angoisse de notre propre mort en constatant celle de l'autre. Perception qui nous rappelle la fragilité de nos vies, que nous avons tendance à refouler, par peur. Peur de cette inconnue, qui fascine et que nous dénions. Difficile détachement en comparaison des cultures asiatiques et animistes, plus fatalistes et résolues, et parfois surprenantes pour les occidentaux que nous sommes par leurs folklores funéraires.

Pour certains la crémation est ressentie comme un choc émotionnel, voire un blasphème sur la dépouille du défunt. Alors que dans l'Hindouisme la crémation du corps est la volonté de faire disparaître totalement les restes du corps physique et de sa moindre trace. Ainsi purifié par le feu de ses attitudes de son existence terrestre, transmuté en oblation sacrificielle, l'âme immortelle sera restituée à un espace sans limite. Mais tout est lié inconsciemment à notre culture familiale, ethnique, religieuse. Pour certains le feu est un symbole sacré qui aide à faire le deuil.

L'église chrétienne tolère la crémation depuis 1963. Elle accepte également les dons d'organes et du corps et considère que c'est un acte d'amour pour la souffrance des autres et témoignage de solidarité humaine.

Ce qui se traduit par une demande du bon traitement du corps. La dignité n'est pas liée à l'utilité dans la société, c'est la valeur intrinsèque de l'être ! Aussi, le défunt, cette enveloppe charnelle, privée de son souffle de vie doit être traitée avec égard.

Une société incapable de s'occuper de ses malades et de ses défunts n'a pas lieu d'exister. D'où l'existence des rituels mortuaires. Avec parfois un cérémonial particulier et des séances de prières.

Tandis que d'autres par leurs croyances ressentent les soins de conservation chimique comme l'arrêt du processus de dégradation biologique inéluctable.

C'est l'atteinte d'intégrité physique, le corps mort est une personne ! L'Islam et le Judaïsme proscrivent les soins de conservation chimiques.

Quant à la proximité du mort pour certains, la répulsion se dégage comme un danger avec risques de contagion, mais également lié à des superstitions obscurantistes.

Cette mort d'une proche déclenche soit la cohésion du groupe (la famille) ou suivant les cas, l'explosion de ce dernier, par les rancœurs ou secrets de famille qui émergent à la mort du défunt. La nature humaine se dévoile dans ces moments avec violence et sans retenues pour ceux qui sont autour.

Comme je l'ai dit plus haut la présentation du corps provoque des réactions diverses. Surtout lorsque le défunt est encore en tenue hospitalière, non préparé, le choc peut être violent pour des personnes sensibles

Aussi, tant que le défunt n'a pas eu de toilette mortuaire, une mise en garde est nécessaire pour les membres de la famille. Il y en a qui insistent, malgré cette remarque qui n'a qu'un seul but, leur éviter cette vision qui sera la dernière et la plus marquante, ineffaçable ! Il y a donc toujours un moment d'hésitation lorsque j'ouvre la porte du salon de recueillement. C'est l'affrontement avec ce que l'on redoute le plus inconsciemment, notre devenir à travers l'autre, et le silence qui suit est parfois ponctué de sanglots comme l'on s'en doute. D'autres ne restent que quelques secondes la vision est trop forte, et nous ne sommes que des humains.

Certains refusent d'entrer en salle de recueillement. Ce qui peut se traduire, soit comme une peur d'affronter celle qui à tous les visages, ou comme un doute, voire une dénégation de cette dernière. Doute de la mort effective du défunt.

Est-il bien mort ? La mort du corps physique entraîne-elle la mort de la conscience ? Voici une remarque que tout un chacun peut émettre. Devant le corps mort tant aimé, nous redevenons vraiment humains.

Le voile de nos apparences se déchire et tombe. La douleur est parfois si grande qu'elle se traduit par un refus de la mort. Ou parfois par des comportements agressifs et colériques, bien excusables ! Tandis que pour d'autres, résolus, l'être cher, tant aimé, n'est plus là ! Ce corps n'est qu'une enveloppe charnelle usée ! La vie s'en est allée, ailleurs !

Il est parfois des situations inattendues et choquantes. Je me souviens de cette personne qui en entrant dans le salon de recueillement et constatant les couronnes de fleurs s'exclama :

« Il ne méritait pas toutes ces fleurs cet enfoiré !»

Je refermais la porte sans dire un mot tant mon effarement était grand.

On se recueille sur le corps d'une personne que l'on a apprécié, pas détesté. Là je n'ai pas compris !

Et cette autre réflexion. En sortant du salon de recueillement, un visiteur âgé vient me trouver dans le bureau et me dit :

- Ah !... Eh ben il n'a pas bonne mine !

Avec un peu d'embarras je lui répondis :

-Normal, il est décédé !

-Oui !... Mais, tout de même !

Je me pinçais les lèvres pour ne pas rire, la situation ne prêtait pas au rire, mais la réflexion de ce Monsieur, oui !

Il est impossible de les énumérer toutes, mais il est vrai qu'il y a des attitudes et des réflexions qui nous restent en mémoire.

Un jour, le reposoir accueillit le corps d'un défunt africain. Peu de temps après, un de ses compatriotes désirant se recueillir se présenta et demanda s'il pouvait prélever quelques mèches de cheveux.
Pratique assez courante dans plusieurs cultures.

Quelle ne fut pas la surprise de mon collègue après le recueillement, afin de rentrer le corps en cellules réfrigérée. Le crane était entièrement tondu, et les ongles coupés au ras de la peau.
Curieuse coutume qui remonte assez loin dans le temps. Tout comme les ongles les cheveux sont censés conserver après la mort du défunt ses particularités, à savoir ses vertus par lien de concordance.
Les conserver c'est s'approprier un peu de ses vertus.
De là est né le culte des reliques dans le monde chrétien et son trafic de ces dernières à une époque lointaine.
Quant aux ongles, bien qu'on ne se l'avoue pas ce sont des griffes, vieille réminiscence du monde animal qui exprime la combativité et qui est au bout des doigts de la main, expression de l'action des idées réfléchies.
Dans les familles qui conservent la boucle de cheveux, il y a le désir de faire survivre le souvenir du défunt au travers de cette mèche de cheveux.

C'est ensuite une évolution du regard face à la mort et son culte. Quel que soit le rituel, ce dernier est censé libérer l'inquiétude de la transformation du corps vers son anéantissement. Mais également de canalisation des émotions puissantes qui nous envahissent dans ces moments-là par la médiation avec le divin ou à des valeurs occultes qui nous sont personnelles.

Croyant ou athée il existe une universalité dans les rituels funéraires, qui est dans toutes les sociétés depuis le début de l'humanité. La plus ancienne pratique funéraire à ce jour date du paléolithique inférieur *(Gisement de la Sima de Los Huesos, Espagne)* et la sépulture d'El Tabun en Israël est de 120.000 ans *(Neandertal).*

Est-ce pour se préserver des effets dissolvants de la mort que nous élaborons des systèmes de croyances de vie après la mort ?

Je me le demande en constatant régulièrement la lividité des corps et cette perte du principe animateur qui n'est plus dans cette enveloppe charnelle. Véhicule de vie, sommes toute plus fragile et dérisoire qu'on ne l'accepte !

Certains de ces rites funéraires peuvent surprendre, à l'exemple des Caps Verdiens, ou les femmes hurlent en se tirant les cheveux et se griffant le visage. Après, c'est le repas d'adieu au défunt autour du cercueil.

Ou bien celui des bouddhistes tibétains ; qui habille le défunt de sept couches de vêtements et de chaussons de satin de couleurs différentes et diffuse de la musique en boucle dans la cellule réfrigérée trois jours durant pour aider l'âme à sortir du corps.

Ou bien encore celles de certains rites animistes qui consiste à prélever des mèches de cheveux et des ongles pour récupérer les vertus du défunt !

Et les gens du voyage qui brûlent le défunt après sa mise en bière dans sa caravane. Ensuite il est interdit de prononcer son nom. Il est parti, c'est tabou !

Chez les tziganes la mort reste un sujet tabou. On n'évoque pas les défunts, ils doivent reposer en paix. On ne parle pas de la mort, ni avant, ni après.

Pour d'autres, c'est le silence qui représente la compassion pour les proches du défunt.

On constate par ces exemples la diversité et les attitudes des ethnies face à la mort. Et que dire de ceux qui disparaissent par la folie des hommes dans un attentat, ou une guerre. Sans pouvoir présenter un corps à la famille. Disparu, certes ! Mais le doute peut persister dans ces cas-là.

La présence du corps pour le recueillement est une nécessité pour réaliser son deuil. Il est difficile en l'absence du corps physique de le faire. La boite de Pandore est tout ce qui nous reste. On s'y accroche en vain. C'est ensuite la prise de conscience que les souvenir restent en nous mais que l'absence sera toujours là nous rappelant que tout a une fin.

Cette spécificité de l'être humain est de se dire que le rituel funéraire est peut-être une thérapie que nous subissons inconsciemment pour nous rappeler que nous sommes tous égaux dans ce domaine, en dehors des cérémonies.

Car le plus dramatique à mes yeux est de n'avoir personne pour vous accompagner pour la mise en terre et de finir au carré des indigents. Heureusement les fosses communes n'existent plus. Notre société moderne à rompue avec cette pratique mortuaire, d'un autre âge et indigne d'un être humain, qui était destinée aux plus démunies ou aux artistes. Molière et Mozart se trouvaient dans ce cas. Mais l'injustice est là ! Même dans la mort !

De nos jours les indigents sont pris en charge par les services sociaux des municipalités. Avec bien sur l'intervention d'une pompes funèbres qui a répondu favorablement à l'offre de marché de la Mairie.

Et là, je mets en garde les agents de Mairies qui rédigent l'offre de marché. Soyez précis, dans le moindre détail !

Dans l'hôpital ou j'exerçais, et je tairai le nom de cette pompes funèbres qui est une des plus grandes de France, qui s'occupait des indigents. Cercueil bas de gamme, comme on s'en doute car les prix sont serrés.

Mais ce qui me choqua, c'est que le défunt n'était jamais habillé, même si les vêtements étaient fournis, la pompe funèbre se contentait de les déposer sans les ôter du cintre sur le corps ! Comme s'ils étaient jetés, c'est comme cela que je l'ai ressenti. Et cela sous prétexte que l'habillage n'était pas précisé dans l'offre de marché !

Scandalisé par l'attitude de cette pompes funèbre nous ne pouvions qu'en informer la Direction d'un tel comportement irrespectueux qui transmit ce manque de respect pour un défunt aux services sociaux de la Mairie. Depuis les indigents sont habillés. Mais imaginez la vision, c'est indigne, c'est traité le corps du défunt comme un chien, et encore ! Ceux qui enterrent leur chien en sont respectueux ! Comme quoi la mort est une pompe à fric, sans état d'âme pour certaines grandes enseignes de cette profession ! Pas tous, heureusement, car il y a des gens honnêtes et sérieux !

VIE ET MORT INDISSOCIABLES

La vie et la mort sont indissociables. Mais que savons-nous d'elle ? Rien !

Parler de la mort en expérience est impossible, car c'est l'ultime expérience de la vie. On parle avec assurance de la vie, puisque nous existons. Mais de la mort, il n'y a que l'expérience de la vision extérieure de la mort d'autrui que nous pouvons évoquer, et de la douleur ressentit par leurs départs !

La mort est un déchirement pour ceux qui restent par l'absence qu'elle déclenche et que nous ressentons comme une injustice à laquelle les plus intelligents et les plus puissants ne peuvent échapper. Mais de celui qui part et de son devenir, nous ne savons rien ! Considérons la mort comme un passage, une conclusion !

Dans l'univers, comme dans ce bas monde, tout possède une fin, du plus petit au plus grand. Qu'il s'agisse de la plus petite cellule aux planètes, voire aux galaxies, toute forme de vie est liée à cette fin. C'est la métamorphose inévitable vers l'inconnu qui nous terrifie inconsciemment ! Avec notre temps d'existence qui passe, nous pensons à la mort en évoquant les actes de nos vies avec remords et regrets.

Sachant que tout s'arrête un jour, et que nous avons tellement à faire, le temps nous est compté, hélas ! Et pour certains la mort physiologique et la mort de la conscience sont liée. Terrible angoisse de disparaître à jamais !

Rassurons-nous à l'exemple du grand physicien Stephen Hawking qui, à la question : Pourquoi un après plutôt que rien. Ce grand physicien répondit :
Parce que !
Sa réponse traduit à la fois l'exaspération de la question et l'impuissance qu'elle provoque chez les scientifiques pour y répondre. Malgré tout le savoir qu'ils possèdent, aucun d'entre eux n'est capable d'affirmer avec certitudes l'absence d'un après, quoiqu'on en discute. Aussi le doute s'installe et la porte entrouverte. Chacun peut laisser libre cours à une cosmogonie qui lui est propre au-delà des dogmes étriqués établis.

L'homme vient nu au monde, sans possessions. Et il quitte le monde comme il est arrivé. Tout ce qu'il a pu acquérir au cours de son existence ne lui sert pas à négocier le retard de son trépas avec la mort. L'avidité de possession, d'avoir, de puissance, de biens matériels, ces petites vanités mesquines, la mort nous en sépare et nous montre le vide illusoire de la matière. Le paraître disparaît nous montrant la duperie qu'il exerçait sur nos vies par ses artifices.
La reconnaissance de notre limitation d'existence par le couperet de la mort est décisive pour notre compréhension et de notre amour de la vie. Vie à laquelle on s'accroche.
L'énergie de certains malades est surprenante par le refus opposé face à cette fin inéluctable qu'ils cherchent à retarder. Il y a tant à faire et dire à ceux que l'on aime.
Il suffit d'observer les merveilles de vie qui s'accomplissent dans la nature pour comprendre qu'elle est partout. La vie n'a de sens, que parce que la mort existe ! Et que nous devons donner du sens à nos vies.

Tout comme Albert Camus qui écrivait dans son œuvre, Le Mythe de Sisyphe, que malgré l'absurdité de nos destins la vie vaut d'être vécue.

SUICIDE

Oui, me direz-vous. Mais que penser lorsque la mort provient du suicide ?

Je n'ai pas eu beaucoup de cas de morts par suicide. C'est toujours horrible d'apprendre que le défunt s'est donné la mort volontairement. Moment de folie ?

Suite à une détresse qui ne trouve pas d'autre échappatoire que l'engloutissement vers le néant, ils se jettent dans la mort avec parfois une violence inimaginable. Ce sont toujours des moments très difficiles.

Je me souviens encore des regards du responsable des urgences et des pompiers qui amenèrent le corps d'une femme qui s'était donné la mort.

Victime de harcèlement dans son travail et sans soutien de sa hiérarchie, elle avait craquée de la manière la plus horrible qui soit. Le responsable des urgences me confia que cette pauvre femme avait provoqué sa mort en ingérant de la soude caustique ! Imaginer la folie de cet acte et des souffrances qu'elle s'imposa est impossible.

En certains cas les épreuves de la vie se révèlent si insoutenable pour celui qui en est la victime que la seule solution pour échapper à cette souffrance est de s'ôter la vie. En ce qui me concerne, je ne jugerai pas comme le font la plupart des grandes religions et le corps médical qui condamnaient le suicide. Longtemps stigmatisé par la religion et la société, le suicide, était considéré comme une transgression des lois naturelles. La religion, le considérait comme péché mortel au même titre que l'homicide.

Mettre fin à ses jours, devient une délivrance ou une fuite qui, pour la victime, clôture une existence qui lui apparaît dénigré et inutile aux regards des autres.

Il faut une sacrée dose de ras l'bol et de courage pour en arriver là, quoiqu'on en pense ! Les religions condamnent le suicide mais devraient savoir que c'est une des premières causes de mortalité traumatique dans notre société, dont beaucoup de jeunes de moins de vingt-cinq ans sont concernés. C'est un état de détresse qui affecte le discernement et la capacité de jugement sur soi.

Plutôt que de condamner, elles devraient s'interroger sur ce qui pousse à cet acte. Autrefois le suicidé ne recevait pas le sacrement religieux. Les suicidés étaient traînés sur la claie face contre terre, tiré par un cheval à travers la ville ou la campagne pour être jeté aux ordures. Il suffit de se rappeler l'affaire Callas dont Voltaire fut un ardent défenseur.

Dans ces cas-là le sentiment d'incompréhension et d'impuissance se figent sur le visage des familles des victimes lorsqu'ils se présentent pour le recueillement.

Et c'est d'autant plus désagréable dans cette situation, que l'agent mortuaire est humain, et ne peut trouver de mots quand les regards croisent le sien. Impossible de dire les formules habituelles : condoléances, ou bon courage, lorsqu'ils quittent le salon de recueillement.

Et c'est encore plus pénible lorsqu'il se présente un obstacle médico-légal. Pour toutes personnes décédant de mort violente, une enquête s'impose, ainsi qu'un décès sur la voie publique suivie d'une autopsie, si le procureur le demande. Et ce afin de connaître les circonstances du décès. Aucun recueillement n'est possible pour la famille, tant que le médecin légiste n'a pas rendu son rapport d'autopsie au procureur de la République. C'est un traumatisme ressentit qui s'ajoute à la douleur pour les familles mais nécessaire.

MA CONCLUSION

Il est d'autres cas tout aussi éprouvant, mais rare. Toutefois en ce qui me concerne je n'y suis pas insensible, même si je le masque.

La maternité est un service ou la vie apparaît naturellement. C'est le cercle de la vie avec son cycle. Mais là, lorsque la mort se permet de roder dans les couloirs c'est une anomalie ! Que dis-je, une injustice ! Et bien souvent un choc pour les infirmières et les aides-soignantes qui ne peuvent accepter ce décès. Car parfois la mort survient avant la naissance, et en d'autres cas à la naissance. Terrible injustice ! Pourquoi ose-t-elle roder et frapper en cet endroit ? La vie s'est à peine manifestée qu'elle est déjà enlevée. C'est toujours un moment pénible pour les agents de voir ces petits corps vide de vie ! A peine nés que la mort ose les reprendre ! Injustice et incompréhension ! Je n'ai pas d'autres mots !

Ces exemples sont là pour nous montrer que la mort est à notre côté, qu'on le veuille ou non. La mort est dans la vie ! La vie contient la mort et la mort contient la vie ! Inutile de spéculer sur l'au-delà et sur le principe animateur de la vie. Jamais nous n'obtiendrons la réponse dans ce domaine. Aussi ne la craignons pas. L'immortalité physique serait une calamité, voire une damnation auprès des autres ! Quel serait le sens de nos vies si la mort était absente ?

Après son retour des camps de déportés, Jorge Semprun évoque que la mort est déjà derrière lui. Non pas la mort physiologique, mais la mort phénoménologique, mort vécue au sein de la conscience, dans les abîmes de la négation.

« Une idée m'est venue soudain, la sensation en tout cas, soudaine, très forte, de ne pas avoir échappé à la mort, mais de l'avoir traversée. De l'avoir vécue, en quelque sorte. D'en être revenu comme on revient d'un voyage qui vous a transformé, transfiguré. Peut-être n'avais-je pas vraiment survécu à la mort, je ne l'avais pas évitée. Je n'y avais pas échappé. Je l'avais parcourue, plutôt d'un bout à l'autre. J'en avais parcouru les chemins, j'étais un revenant, en somme. » Cette prise de conscience de notre mortalité doit nous amener à comprendre le sens de nos vies. La présence de forces dualistes que nous possédons permet d'exercer nos choix, avec un Y, qui symbolise la croisée de deux possibilités.

Si telle est la vérité que je ne connais pas, mais comme l'affirment les grands textes sacrés des religions dogmatiques, que le créateur a fait l'homme à son image. Alors, nous en avons reçu la dignité, mais pas la ressemblance. Nous devons la conquérir, et donc nous l'approprier par le zèle de nos efforts personnels en imitant le créateur. Nous possédons un pouvoir fabuleux, la transmission de la vie.

En cela nous sommes divins. Ce n'est que par l'amour que nous transmettons la vie, et par l'amour sincère de la vie que nous la gardons et l'entretenons pour nous et ceux qui viennent après nous. Nous donnons la vie mais elle ne nous appartient pas. Aussi respectons la, divinisons la vie. Le plus grand crime d'un homme c'est de l'ôter. Dès notre plus jeune âge nous sommes enfermés dans des certitudes inculquées par l'éducation familiale, ethnique et religieuse. Mes propos n'ont en aucun cas vocation à heurter ces croyances religieuses que je respecte.

Or c'est la prise de conscience de la mort qui donne tout sa valeur à la vie. Cette mort doit être une révélation et une introduction. Révélation de nos insuffisances qui ne sont jamais derrière nous. Trop souvent englué dans nos problèmes du quotidien, nous en oublions l'essentiel : nous-même et nos proches.

Le symbolisme de la mort, c'est l'image périssable et destructrice de notre existence

Ce qui nous rappel cette mise en garde de la Genèse de la Bible :

« Homme, souviens-toi que tu es poussière et tu retourneras en poussière. »

Cette prise de conscience devrait modifier nos comportements et relativiser nos attitudes dans la vie quotidienne.

En occident, trop souvent nous sommes happés par le matérialisme avec la course effréné qu'il provoque par la recherche d'un bien-être matériel à renouveler constamment par une technologie éphémère qui n'apporte qu'une jouissance passagère, mais certainement pas le bien être intérieur. Nous passons à coté de tant d'essentiel.

Mes propos ne tendent pas à rejeter les bienfaits de la société de consommation mais de ne pas en faire un culte, une raison de vivre. Tout ceci est périssable, tout comme nous.

La vie est une fleur qui se fane trop vite, nous avons tendance à l'occulter et devons en prendre conscience. Bien trop souvent occupé dans ces soucis du quotidien nous en oublions qui nous sommes.

Très peu de gens vivent, la plupart fonctionnent en occultant qui ils sont eux même, et sans être à l'écoute de leurs proches. Ou sans se préoccuper de cette interrogation, qui pourtant leur amènerait une ouverture d'esprit plus large sur leur environnement quotidien. Combien de divorce proviennent de ce manque de recul, d'écoute ?

On ne vit que par le cœur, mais si le cœur ne s'ouvre pas, nous ne percevons que notre écorce, mais pas notre quintessence. On casse la coquille pour regarder ce qui est à l'intérieur et en consommer le fruit.

Ce fruit, c'est ce que nous sommes vraiment au-delà des apparences que nous présentons aux autres comme un masque de comédien. Saint-Exupéry le disait si bien dans son livre Le Petit Prince : « l'essentiel est invisible pour les yeux »

La confrontation chronique de la mort a profondément modifié ma vision de la vie.

Je pose un regard différent sur les êtres et mon existence. Nous ne sommes que des passants sur terre qui voguent sur les ailes de l'oiseau du temps.

Je n'ai pas la prétention de délivrer un message, si ce n'est de dire que j'ai pris conscience de la beauté de la vie et de son but. Celui d'aimer et de transmettre cet amour par notre rayonnement.

Il semble que les théologiens des grandes religions qui mènent le monde ont oublié le sens initial du mot religion, du grec religare, qui est relier et non diviser, je dis cela sans chercher à les dénigrer, soit dit en passant. A côtoyer les défunts régulièrement avec les rites qui accompagnent ces cérémonies qui rendent honneur aux défunts, je m'aperçois que certains exécutent ces rites parce que c'est la tradition qui leur est inculqué dès l'enfance par la religion à laquelle ils appartiennent.

Et que cette religion doit être scrupuleusement respectée dans ses rites.

La dérogation devient un blasphème pour le respect du défunt et sa famille si le rite n'est pas accompli. Certes, le corps conserve une histoire qui lui est propre et constitue le trait d'union entre la vie terrestre et la vie éternelle pour tous les croyants. Pour le judaïsme, le christianisme et l'Islam, les rites funéraires sont en rapport avec la croyance dans la résurrection corporelle. On oublie trop souvent que les grands initiateurs de ces religions recommandaient avant tout le respect de la vie et de notre prochain. Alors au-delà des divergences rituéliques des différentes religions qui ne sont adaptés que pour les croyants de ces dogmes et qui n'ont qu'un seul but, celui de préparer le corps pour le grand voyage. Que l'amour de la vie soit une religion et transmettons là.

L'UTILITE DES RITUELS

QU'EST-CE QU'UN RITUEL ?

Les funérailles sont là pour nous montrer le destin tragique de la vie qui est de s'éteindre. C'est aussi un moment de raffermissement de la cohésion familiale, ce qui n'est pas toujours le cas.

Nous portons de moins en moins le deuil dans notre société, accaparé par le tumulte de la vie moderne qui est complètement déshumanisée.

Trop souvent les membres de la famille se trouvent dans une profonde solitude, ou il est difficile d'admettre la séparation du défunt et du reste du monde.

Il se ressent un profond besoin de ressentir la présence des proches qui nous aiment et de la chaleur humaine bienfaisante qu'ils dégagent pour partager cette douleur. Le froid s'installe toujours en nous dans ce moment-là et la présence d'autres corps réchauffe l'âme.

Et ceci tout en respectant l'intimité des personnes endeuillées qui ont besoin de ce silence. Ce recueillement si nécessaire, qui réclame de la pudeur et de la discrétion pour accepter ce passage si douloureux.

Dans notre société d'aujourd'hui, celle de l'occident, les rites et rituels semblent disparaître comme s'ils étaient d'une époque révolue.

A l'aube des temps des hommes et des femmes avaient compris la nécessité de créer des cérémonies en hommage pour ceux qui s'éteignaient. Les rituels, qu'ils proviennent d'une ethnie ou d'une religion, n'en reste donc pas moins une action née de la créativité humaine pour donner un sens à la contingence de la vie. Créativité dont nous pouvons nous demander d'où provient cette inspiration de vouloir accompagner nos défunts. La danse serait née d'une observation de nos lointains ancêtres de la danse nuptiale animale pour s'accoupler. En est-il de même pour le grand voyage ? Les rituels sont codifiés, religieux et possèdent des valeurs symboliques dont le seul but est de canaliser et d'apaiser la souffrance de cet engloutissement qu'est la mort d'un être aimé.

Pour calmer cette perte, cette absence de présence, seuls les rites possèdent ce pouvoir d'apaisement et de résolution. Il était nécessaire de les créer, et de prolonger la vie après la mort en la transformant non comme une fin, mais comme un passage, ce qui donne de l'espérance. Malheureusement notre pays les a vus s'estomper, voire disparaître, ce qui laisse bien plus de désarroi pour ceux qui sont dans le deuil. Ces cérémonies étaient un accompagnement pour les familles et les proches. On ne doit pas déshumaniser la mort et encore moins la déritualiser.

La première moitié du XXème siècle pratiquaient encore des rituels funéraires, et en grande partie religieux. Extrême onction, veillée funéraire au domicile du défunt, annonce publique du décès, cortège funéraire, parfois accompagné de chant (sud de la France) et ensuite l'étape d'agrégation. Le repas funèbre après l'inhumation marquait ce passage du monde des vivant à cette grande inconnue. Ensuite venait le deuil, avec le port de vêtements noirs qui traduisaient la perte subie par cette disparition.

Toutes ces pratiques solennelles et particulières avaient un caractère social et psychologique qui montrait l'importance de la mort dans la vie. Les vivants ont toujours entretenu des rapports avec les morts, et ce depuis l'aube des temps !

La fête de la Toussaint en est la preuve, ou celle Halloween, qui malheureusement n'est devenue qu'une caricature de ce qu'elle était auparavant. Récupérée à des fins mercantiles elle a perdue tout son intérêt. Mais qui s'en soucient de nos jours ?

Notre société occidentale d'aujourd'hui, reconnaissons-le, a déritualisé la mort en lui ôtant son côté solennel comme s'il s'agissait d'une affaire personnelle.

L'éloignement des familles, la désaffection des rituels religieux laissent à penser que l'émotion ne doit pas se montrer, comme si elle était refusée par le fait du peu de fréquentations des lieux de cultes, tout au moins les chrétiens en France.

Notre société est la seule à vouloir écarter la mort comme si elle était à cacher. Elle s'est révélée incapable de conserver la mort dans un processus logique que les autres sociétés acceptent avec fatalité. Tout le processus symbolique lié à la mort semble avoir été gommé.

Or dans la société occidentale d'aujourd'hui, basée sur le matérialisme, et entièrement déshumanisée, lorsque nous sommes inévitablement confrontés à cet événement qu'est la mort, les rituels permettent de retrouver notre humanité.

La perte de ceux que l'on aime est toujours un moment de grande solitude. On se sent abandonné. Confronté à cette détresse, les rituels ont pour but d'apaiser et de resserrer les liens affectifs de la famille et du groupe. Ils ont aussi pour but de nous soustraire à la solitude et de nous redonner espoir dans la vie qui, elle, continue !

Les rituels expriment aussi notre ressentit de la mort que nous ne connaissons que physiologiquement, car de l'après nous n'en savons rien.

Les rituels sont un ensemble de déplacements, appelées circumambulations dextrogyre ou sénestrogyre, suivant les rites. Dans la plupart des religions, l'au-delà se situe symboliquement là où le soleil se couche à l'horizon, c'est-à-dire à l'ouest. De ce fait, les circumambulations se réalisent dans le sens contraire des aiguilles d'une montre, en s'enroulant vers la gauche, identique à la rotation du soleil sur lui-même. Ces déplacements sont accompagnés de paroles et de gestes synchronisés, chargés de significations symboliques, qui sont à l'opposé du spontané. Les règles, les codes, l'intonation de l'officiant et le respect de ceux-ci garantissent l'efficacité des rituels. De la ferveur de l'officiant dépends le résultat vibratoire du rituel.

Dans un rite les officiants ne possèdent pas tous le même degré de connaissance, et de capacité de compréhension des sens du rite effectué, pour la transmission de celui-ci et sa pérennité. Ce qui rend le rite fragile, et tend à lui laisser une survivance édulcorée, dénué de toutes significations, si l'officiant n'en perçoit pas le sens.

Il devient une curiosité folklorique pour certains et pour d'autres une pratique obscurantiste d'un autre âge.

Mais dans le funéraire, ils ont pour but d'apaiser les vivants. Lors de la perte d'un membre du groupe, celui-ci est désemparé. Son intégrité est menacée et doit se restructurer après cette perte, qui est considérée comme une absence.

L'inquiétude du devenir du groupe se présente, car rien ne sera plus comme avant. Il est nécessaire d'endiguer la désagrégation du groupe en resserrant et en affirmant les liens d'appartenance affective qui les relient.

Par le rituel, le partage de la peine se réalise avec les autres. On manifeste son attachement à la personne disparue, mais on se soutient mutuellement dans cette épreuve qu'est la mort de l'être aimé.

Le rituel est la première étape du processus du deuil. Il permet d'apaiser notre angoisse, de cette mort qui est un non-sens à nos yeux, certes !

Mais il a également pour fonction de provoquer nos émotions, trop souvent retenu dans la société moderne, pour nous rapprocher les uns des autres.

Pour chaque individu, à toute communauté, il favorise la particularité de vivre ensemble la même chose et de resserrer les liens par une communion affective.

Par son action le rituel a pour but de réorganiser le désordre du groupe, provoqué par la mort et d'affirmer notre appartenance affective à une famille, un groupe, une communauté, ou à une société.

En participant à ce rituel funéraire nous exprimons le désir d'assurer un traitement respectueux pour la personne disparue, tant aimée. Mais nous manifestons aussi, inconsciemment le désir de partir nous aussi dignement le moment venu !

Le devenir de ce corps devenu inerte nous importe puisque nous possédons tous une conception formatée par nos convictions religieuses, ou spirituelles qui nous sont propres !

Les rituels funéraires persistent. Comme l'exprimait Carl Gustav Jung, ils sont la représentation d'une infrastructure permanente de l'inconscient collectif, qui sous des formes diverses exprime toujours les mêmes interrogations et angoisses sur l'engloutissement de l'homme dans le néant, après la mort et son devenir.

Ces rituels sont nombreux et varient suivant l'appartenance ethnique et religieuse. Les rituels sont dans une dimension, en dehors du temps, puisqu'ils instaurent une césure entre le temps quotidien, dit profane et le temps dit sacré du rituel.

Les rituels marquent également une continuité, une transmission des traditions des communautés entre leurs générations.

Nous ne connaissons que celles de notre appartenance religieuse, pour ceux qui sont croyants, évidemment. Pour ceux qui sont athées, les cérémonies varient elles aussi à la demande des familles, voire aussi à la demande du défunt du temps de son vivant qui peuvent se révéler particulière.

Il est impossible d'expliquer la totalité des rituels funéraires tant ils sont nombreux et riches. Parfois surprenant pour nous autres européens. Il y a ceux qui proviennent du fond des âges et nous semblent ridicules. Mais toutes croyances doivent être respectées, même si elles peuvent choquer ou provoquer de la répulsion. Ces différences montrent la richesse et la diversité culturelle de pensées des civilisations très différentes à travers le monde. Je n'expliquerai que celles que j'ai rencontré régulièrement avec les différentes confessions religieuses dans notre pays et quelques-unes qui me semblent intéressantes, mais qui peuvent se révéler déroutantes, et parfois morbides pour les occidentaux que nous sommes.

LA CREMATION

Si la principale cérémonie laïque est la crémation, il faut savoir qu'elle remonte assez loin dans le temps, l'hindouisme et le Bouddhisme la pratiquait déjà.

Pour l'Égypte ancienne, civilisation extrêmement religieuse, la dépouille de l'homme demeurait le support de son double pendant un certain temps après la mort. Il fallait donc le conserver aussi intact que possible afin de donner la possibilité de maintenir le double en sécurité et le protéger contre les tempêtes astrales de l'Amenti lors de son voyage sur la barque solaire.

L''embaumement des corps étaient scrupuleusement enseigné et appliqué, même dans les classes les plus pauvres du peuple. Le feu était considéré comme vivant, et en aucun cas ne pouvait être alimenté par des cadavres sans commettre un acte blasphématoire.

Chez les grecs, bien souvent la crémation était réservée au plus riches, le bois étant coûteux. On se souviendra de la mort de Patrocle, l'amant d'Achille dont le corps est brûlé dans l'Iliade.

Toutefois, Pythagore considérait la crémation comme un acte anormal, et l'interdisait à ses disciples. Pythagore estimait que le corps humain est en effet constitué de corps multiples à la mort physique, la mort totale ou séparation de ses divers principes constitutifs n'est pas encore réalisée. La crémation était impie et considérée comme un acte violent qui rompait avec la lente squelettisation naturelle. Elle précipitait brutalement la dissociation de l'être entier en lui arrachant violemment ses enveloppes astrales, qui doivent normalement se détacher progressivement à la mort et les restituer une à une aux milieux qui les lui avaient donnés.

Pour le Judaïsme, la crémation était infligée aux grands criminels. La crémation était un châtiment infamant. Les romains l'infligeaient aussi aux grands coupables dans l'arène. Pour les zoroastriens de Perse, le feu, tout comme l'eau étaient des éléments sacrés ! Il était sacrilège de brûler un cadavre en souillant cet élément sacré qu'est le feu.

A l'opposé le Bouddhisme enseigne et pratique la crémation. C'est parce qu'il tend à la disparition totale de tout ce qui constitua la personnalité du défunt. Philosophie particulière pour qui la libération de l'être humain ne se trouve pas dans son accomplissement de la perfection, mais bien au contraire dans son anéantissement et dans l'abolition de tout ce qui a une portée personnelle.

Pour le Bouddhisme tout n'est qu'illusions, mensonges et erreurs, il faut se libérer de soi-même.

Pour d'autres tel que le parapsychologue Charles Lancelin :

« La nature fait bien ce qu'elle fait. En dissociant progressivement les éléments constitutifs de ce qui fut un corps vivant, elle permet au fantôme (l'âme), proprement dit de se libérer lentement et au double aithérique de se dissoudre dans l'éther ou retournent ses éléments, peu à peu, avec le minimum de souffrance. Au contraire, la crémation est un acte de violence qui, dissolvant instantanément le corps physique, inflige une douleur atroce à la fois au fantôme, dont le support, ne l'oublions pas, le corps astral, dépositaire de la sensibilité dans la vie, est encore chargé de force neurique (magnétisme animal)

et sent briser brutalement le lien fluidique qui le relie au cadavre, et au double aithérique (âme vitale) qui, encore dépositaire de ce qui subsiste de vie physique, doit éprouver une torture indicible de se sentir désagrégé en même temps que le cadavre lui-même par la flamme dévoratrice.»

Mais pour beaucoup, l'avenir de la dépouille, lorsque la vie s'en est allée ne peut se faire que par l'inhumation, la mise en terre.

Aussi, avant d'expliquer les différents rituels il est nécessaire de rappeler que notre société occidentale depuis le christianisme à toujours pratiquée l'ensevelissement des corps.

L'Église se réfère aux principaux personnages du Nouveau Testament, qui possèdent une sépulture. Né de la poussière tu retourneras à la poussière. La croyance de la résurrection corporelle fait de la mise en terre un symbole du retour au sein de la mère et préfigure un nouvel enfantement. Car cette vision des ossements desséchés doit reprendre vie le jour de la résurrection ; Ce qui contribua fortement à l'inhumation. Pour anecdote : Il y a quelques années un patient de confession juive et diabétique, désira récupérer la jambe dont il avait été amputé. Et cela pour le jour de la résurrection. L'administration hospitalière accepta mais un membre de l'administration de la Préfecture, par excès de zèle, sans doute, refusa pour des raisons d'hygiène. Ce qui entraîna un procès qui dura un an et que perdit le patient. Par cette anecdote on perçoit que les religions et leurs croyances sont toujours bien ancrées chez les hommes.

La crémation s'opposa au dogme chrétien de la résurrection des corps. L'Église la condamna jusqu'au XIXe siècle par le décret de la Congrégation suprême du Saint Office, en date du 19 mai 1886, et refusa les funérailles religieuses aux croyants qui demandaient la crémation.

Ce décret est le prolongement de l'*Humanus Genus* du pape Léon XIII, en date du 20 avril 1884 qui condamna le relativisme philosophique de la Franc-Maçonnerie favorable à l'incinération. L e terme crémation apparaîtra bien plus tard.

Quelques prêtres comme Savi Scarpone et Giovanni Sartorio choisirent la crémation par provocation.

Il faudra attendre la date du 05 juillet 1963 pour que l'Église de Rome, par le décret *De Cadaverum crématione* et la publication du Saint Office : *Instructio de cadaverum crématione* parue le 20 octobre 1964 pour accepter la crémation, mais la déconseille.

Il précise que l'incinération du corps ne touche pas à l'âme et n'empêche pas la toute-puissance de Dieu de rétablir le corps, de même, elle ne contient pas en soi une négation objective de ces dogmes. Aussi l'Eglise n'est pas opposée et ne s'oppose pas mais cherche toujours à encourager la pieuse coutume d'ensevelir les corps et conclu que l'Eglise est étrangère à la crémation.

Pour les protestants, il n'y a aucune objection à caractère biblique, mise à part certains pratiquants qui affirment que c'est un arrêt brutal de la putréfaction naturelle voulu par Dieu.

L'Église Orthodoxe condamne la crémation volontaire des pratiquants, expliquant que celle-ci est étrangère à la Tradition de l'église. Elle insiste sur l'ensevelissement par respect du corps humain, œuvre de Dieu. La crémation est considérée comme un acte de violence sur le processus de putréfaction naturel du corps.

Le Judaïsme et l'Islam sont opposés à la crémation.

Le terme crémation, qui est encore aujourd'hui du néologisme est utilisé pour s'opposer à l'incinération qui s'apparente aux déchets.

Aujourd'hui encore, bien des personnes utilisent le mot incinération. L'introduction du terme crémation favoriserait la distinction entre l'incinération des ordures et la crémation des corps. Cette pratique est de plus en plus répandue mais reste très polluante. Sachant que la crémation d'un corps s'effectue à une température moyenne de 850°C et dure en moyenne 1 heure 30.

LA PROMESSION

En Suède, à Jönköping, le docteur Susanne Wiigh-Masak, en 1999 a mis au point un procédé de funérailles écologique nommé : promession. Néologisme du latin promessum, promesse, inspiré de la Bible (de faire revenir à la terre ceux qui viennent de la terre)

La promession, également appelée lyophilisation, consiste à plonger le corps dans de l'azote liquide à -196°C.

Le corps refroidi à cette température devenu friable est installé sur une table vibrante qui provoque sa destruction en fines particules. Un aimant récupère les résidus métalliques des broches provenant des éventuelles interventions chirurgicales qui peuvent être recyclées. La poudre obtenue est introduite dans une urne biodégradable qui peut être incinérée ou enterrée.

La promession est considérée comme un procédé de funérailles écologiques. Elle ne libère aucune particule toxique dans l'atmosphère, et contrairement à la crémation aucune vapeur de mercure provenant des amalgames dentaires.

La promession est en cours de législation en Suède ainsi qu'en Allemagne, Corée du Sud, Royaume Uni et Afrique du Sud.

En France, actuellement, la loi n°2008-1350 du 19 décembre 2008, n'autorise que deux modes de sépulture : la crémation et l'inhumation. Cette technique suscitant beaucoup de réflexions approfondies, il n'y a pas à ma connaissance de centre de promession dans l'Hexagone.

LA TOILETTE MORTUAIRE

La toilette mortuaire qu'elle soit rituélique ou pas ne répond pas uniquement à un souci d'hygiène et de convenance pour la présentation du défunt en vue de recueillement pour les proches. Ce n'est pas non plus un simulacre de sommeil du défunt, ou d'un maquillage qui déni la mort.

C'est remettre de l'ordre dans le chaos que provoque la mort et qui bouleverse les vivants. Pratique dérisoire lorsqu'on y pense, mais qui prouve la fragilité de nos existences devant ce drame qui est notre destin.

On cherche à effacer toutes traces du combat avec la maladie, tels que les marques provoquées par une perfusion ou autres dégradations physiologique afin de lui redonner une apparence normale. D'où cette remarque coutumière de bien des visiteurs après le recueillement : il est apaisé.

Pour toutes les religions, elle relève de la purification du corps du défunt.

Pour tous croyant la mort est un passage et comme la naissance, la mort, tout comme une initiation ne peut s'accomplir sans une purification. Pour la naissance c'est le baptême et pour le décès l'onction d'huile s'ajoute aux ablutions qui préparent la résurrection dans l'autre monde. Cette pratique de la toilette rituélique est quasi unanime dans toutes les cultures, le défunt doit être purifié pour son passage. Dans la plupart des religions après la toilette mortuaire le corps étant redevenu pur, parce que lavé, en aucun cas il ne doit être souillé par l'imposition des mains ou baiser d'adieu des proches. C'est tout au moins le cas dans le Judaïsme et l'Islam.

RITUEL CATHOLIQUE

Le rituel catholique s'est modifié, ou plutôt adapté. Autrefois, le mourant demandait à recevoir les saints sacrements de l'extrême onction lorsqu'il était conscient de sa fin de vie. Mais de nos jours bien souvent on décède à l'hôpital.

Toutefois, le patient se sentant proche du trépas peut demander le sacrement des malades. Le sacrement des malades devrait se recevoir avec un malade en pleine conscience et lucidité. Ce sacrement n'est pas comme au siècle dernier, qui le réservait aux derniers instants de vie du malade. Il peut être reçu plusieurs fois par le patient pour lui amener une force et un réconfort pour vivre.

Si la famille le souhaite, elle peut demander un retour à domicile du corps du défunt. Ce qui nécessite des soins de thanatopraxie obligatoire et toléré par l'Eglise de Rome.

Dans ce cas une veillée funéraire peut se réaliser, quoique cette pratique soit délaissée depuis plusieurs décennies. Elle serait plus présente dans le milieu rural. Pour le cercueil, il est possible d'ajouter une croix sans obligation.

La famille décide d'une bénédiction, qui peut se dérouler dans un salon de recueillement du reposoir de l'hôpital ou dans un athanée. L'avantage d'un athanée, est de disposer de salons de recueillement privatif, ce qui n'existe pas dans l'hôpital.

Si la famille décide d'une messe, celle-ci se déroule dans une église. La famille choisit les textes à lire ainsi que les musiques et les prières.

La bénédiction lors de la descente du caveau est beaucoup plus rare, et les officiants du culte se déplacent plus rarement.

La crémation, quant à elle, est tolérée depuis 1963, bien que le christianisme indique qu'il est un état intermédiaire, dernière étape du chemin de l'homme, entre sa mort et sa résurrection corporelle. Pour les Docteurs de la foi catholique, le corps est toujours celui du défunt. Il conserve en partie la dignité de la personne humaine et participe à l'espérance de la résurrection attendue, et il en est de même pour le Judaïsme et l'Islam.

Lors d'une crémation le service religieux n'est généralement pas admis, sauf si l'évêque donne son accord, devant une urne cinéraire.

La coutume est d'envoyer des fleurs et des cartes de condoléances. En certaines régions, les membres de la famille se réunissent pour partager un buffet ou un repas.

Autrefois le convoi funéraire circulait lentement dans la ville et les participants suivaient à pied en cortège derrière le corbillard.

J'ai ce souvenir en moi étant enfant, dans les années soixante, des cortèges funéraires qui circulaient dans les villages de l'arrière-pays niçois. Derrière le corbillard, se trouvait la famille, ensuite les pleureuses toutes vêtues de noir, et portant un voile noir en signe de deuil, puis les proches.

Dans ces contrées les villages sont à flanc de collines, aucune voiture ne peut passer. Les ruelles étant si étroites que le cercueil était transporté par des porteurs. Ce qui existe toujours ! Parcours qui nécessitait des hommes relativement résistant pour gravir jusqu'au cimetière. Au fil du trajet funéraire les habitants fermaient leurs volets au passage du convoi, et les passants s'arrêtaient en se signant de la croix. Voilà des coutumes qui se sont perdues, tout au moins en agglomération.

Dans quelques familles italiennes survit une coutume dénaturée datant de l'antiquité Gréco-romaine.

Deux pièces de monnaie sont posées sur les yeux du défunt afin de payer Charon, le nocher à la saleté repoussante pour traverser le Styx et accéder au royaume des morts. Survivance païenne, pour ceux qui la pratique et qui en ignore le sens, j'en suis persuadé. Car en fait l'obole devait être déposée sur la langue du défunt pour permettre aux ombres *(les âmes des morts)* de traverser le Styx à travers les marais de l'Achéron. Sans cette obole les âmes erraient cent ans sur la rive. Ceci prouve que les religions sont bien souvent des syncrétismes de celles qui les précédèrent.

RITUEL PROTESTANT

Pour les protestants, le défunt est déjà auprès de Dieu, il n'est plus dans son corps. Rien n'est au-dessus de l'amour de Dieu. Aussi pas de bénédiction du défunt, mais des prières et des bénédictions pour les personnes qui pleurent le disparu.

Les funérailles sont simples. Le défunt est allongé sur le dos le visage découvert. On laisse une croix nue dans la chambre ardente. Le pasteur accompagne la famille au moment de l'inhumation au cimetière et prononce quelques paroles de confiance en Dieu, et des prières et bénédictions pour accompagner les proches dans le deuil. Parfois, une poignée de terre est jetée sur le cercueil comme rappel à la phrase de Dieu à Adam :« Né de la poussière, tu retourneras à la poussière. » D'autres jettent une fleur.

Au Temple, a lieu une cérémonie, souvent en l'absence du corps du défunt. On remercie le Seigneur pour les bienfaits accordés au défunt durant sa vie et la lecture biblique mettent l'accent sur l'espérance en la vie éternelle.

Le protestantisme autorise la crémation depuis sa légalisation, soit 1887.

Croire que l'on peut prier pour les morts est dénués de sens pour les protestants. Le culte n'est rendu qu'à Dieu et le salut ne s'obtient que par la grâce *(la compassion pour son prochain)*

Aucun argument théologique ne s'oppose à la crémation. L'idée de résurrection, assimilé dans sa dimension symbolique invite les croyants à prendre au sérieux le spirituel mais aussi le corporel-matériel.

La question est plus psychologique et personnelle que religieuse. Il y a des croyants qui sont séduit par le symbolisme purificateur du feu, considéré comme l'anéantissement complet en fusionnant avec la nature. Pour d'autre le corps du défunt conserve une histoire et constitue le trait d'union entre la vie sur terre et la vie éternelle.

RITUEL ORTHODOXE

Chez les orthodoxes, la mort est une renaissance à une vie nouvelle. Pour la purification de l'âme, l'ascension vers Dieu se poursuit quarante jours.

On rend hommage au défunt le troisième jour, celui des obsèques, jour ou l'âme quitte le corps, ainsi que le neuvième et le quarantième, de même que le jour anniversaire du décès : la Panikhide. *(Etape mémorielle rituélique importante qui équivaut à la demande de repos éternel pour un défunt chez les catholiques.)*

Les orthodoxes, par respect pour le corps, prohibent la crémation, ainsi que les autopsies ou prélèvements d'organes. Dans la tradition orthodoxe, la vénération des saints qui passe par la vénération des reliques, et qui s'appuie, très précisément, sur une théologie de l'incarnation qui se prolonge au-delà de la mort corporelle, associée à la reconnaissance du miracle de l'incorruptibilité des reliques. Vénération que l'on retrouve également chez les catholiques. Toutefois les soins de conservations sont tolérés.

La mort est l'entrée dans la vie spirituelle qui mène à Dieu. L'apocalypse de St Jean présente le paradis comme un jardin enveloppé de la présence de Dieu. Pour atteindre cet état édénique, la mort peut suivre deux voies. Si l'esprit n'arrive pas à se détacher de l'enveloppe charnelle qu'est le corps, c'est l'agonie. Ou si le mourant est préparé, il s'endort, c'est la dormition. *(La dormition n'est ni la vie ni la mort mais une transition)*

Pour les mourants, la prière se réalise en répandant de l'encens, avec des bougies allumées. Une communion avec le pain et le vin peut se faire, si possible.

Après la mort, une toilette habillage est réalisée, les mains sont croisées sur le ventre avec une croix ou une icône personnelle tournée vers lui. Trois chandeliers sont disposés aux pieds de chaque côté du cercueil.

La mise en bière s'effectue par l'encensement du défunt accompagné de chants et de prières. Lors de ce rituel le cercueil reste ouvert pour souligner le caractère spirituel de l'acte et de la présence surnaturel du défunt. Mais en France cette pratique est interdite.

La présence des fleurs et des bougies est importante dans ce rituel, elles symbolisent la chrysalide de l'illumination de l'âme dans le monde spirituel. Les funérailles sont célébrées par un poppe (prêtre orthodoxe). Le cercueil est tourné vers l'orient, là où le Christ doit réapparaître.

Au cimetière, après l'inhumation les participants déposent une poignée de terre sur le cercueil, tandis que le poppe resté dans l'allée leur tend une croix qu'ils embrassent.

RITUEL JUDAIQUE

Dans le judaïsme les obsèques sont sobres et simple. La vie sur terre n'étant qu'une étape avant de rejoindre YAVHE dans l'éternité, d'où un certain minimalisme.

L'assistance au mourant est un devoir des plus sacrés. Pendant la maladie qui précède la mort, lire la Torah, là où est inscrite la parole de YAVHE, c'est sacré.

Au moment de la mort lire Shemah Israël.

Ensuite les yeux sont fermés par le fils aîné. Le corps est déposé sur le sol, autour sept bougies et le drap rabattu sur le visage. *(Lorsque le patient décède en milieu hospitalier, le corps du défunt est allongé sur un plateau de présentation, et pour raison de sécurité les bougies sont interdites)* Trois heures sont accordées pour la lecture du Livre des Psaumes, en Hébreux.

Le défunt doit être veillé jusqu'à l'inhumation. Le plus tôt possible, 24 heures la plupart du temps.

Le rituel judaïque commence par la toilette mortuaire purificatrice, la Tahara, qui est effectuée par une association du Dernier Devoir, et en aucun cas par le personnel soignant d'un établissement hospitalier, ce qui est considéré comme une offense.

Le corps, recouvert d'un drap blanc est aspergé d'eau tiède et nettoyé entièrement. Ensuite de l'eau est versée sur le corps en prononçant les versets rituels.

Le mort est ensuite revêtu de ses Takhrikine, vêtement mortuaire de toile blanche, identique pour tous et déposé dans le cercueil, le visage tourné vers le haut, la tête posée sur un peu de terre d'Israël. Après cela le défunt ne doit pas être touché, il est pur.

Certaines familles pratiquent le rituel du vêtement déchiré : Debout sept proches parents du défunt déchirent une partie de leurs vêtements à la hauteur du cœur. Ce Kéria *(signe de deuil)* s'effectue avant la mise en terre et après la bénédiction.

La cérémonie est simple, sans fleurs, ni ornements.

Les proches attendent la famille à la porte du cimetière ou le cortège se forme.

Le cercueil est exposé sur un brancard ou des tréteaux dans l'allée du cimetière. Le rabbin récite les prières rituelles.

Après cela le cercueil est porté jusqu'à la sépulture ou il sera inhumé, ensuite chacun jette une poignée de terre dessus.

A la sortie du cimetière, les mains sont lavées, sans être essuyées, on reste symboliquement par la pensée avec le défunt et ses proches.

Le deuil se poursuit huit jours, trente jours pour les époux ainsi que pour les frères et sœurs et un an pour les orphelins de pères et mères.

La crémation est condamnée par le judaïsme. La reconstitution du corps à la résurrection se fait à partir d'une vertèbre de la colonne.

Les personnes en manque de connaissance, peuvent s'adresser à la Synagogue qui aidera bénévolement afin de respecter le rituel et leur indiquer le nombre de personnes nécessaire pour la récitation du Kaddish.

Le Kaddish ou Qaddich, dont la traduction française est « sanctification » est l'une des prières centrales de la Liturgie juive. Elle a pour thème la glorification et la sanctification du Nom Divin : YAVEH. Et ceci en référence à l'une des visions eschatologiques du prophète Ezechiel.

Il existe plusieurs versions dans la liturgie juive, mais la plus connue est celle des endeuillés (kaddish Yehe Shelama Rabba) malgré que le Kaddish ne comporte aucune allusion aux défunts ou à la résurrection.

De nombreux points commun avec les prières chrétiennes, en particulier le Notre Père, semble indiquer que Jésus de Nazareth se serait inspiré du texte : Avinou shebashamayim. (Notre Père)

Le Kaddish peut être lu en plusieurs occasions, il doit être lu lentement. Le réciter régulièrement lors de l'année du deuil et à la date anniversaire par le conjoint du décédé ainsi que par ses enfants et parents, frères et sœurs, est une manière indirecte de faire monter l'âme du défunt.

Il est nécessaire de se rappeler du disparu pendant cette lecture, non pour soi, mais pour le défunt. Ce qui est un acte de foi qui prouve que le disparu vivait lui aussi dans la foi.

RITUEL MUSULMAN

La visite aux malades est essentielle, par la famille ou les proches. Laisser mourir un musulman seul et non accompagné est impensable. La lecture du Coran est un soutien pour le croyant. Lors du décès, lecture des sourates.

Ce n'est pas le Coran qui détermine les funérailles, mais l'interprétation des textes par les docteurs de la loi !

En principe le corps doit être inhumé le jour du décès et à même la terre tournée vers La Mecque. Il est interdit d'enterrer avec le cercueil !

En France la législation autorise un délai de 24 heures et impose l'utilisation d'un cercueil en bois.

En dehors d'une décision de justice, aucune autopsie de musulman n'est autorisée. Le corps étant impur il est nécessaire de le purifier par la toilette mortuaire.

La toilette rituelle est réalisée par les croyants, quatre membres de la famille et du même sexe que le défunt, néanmoins, le mari peut laver sa femme et vice versa.

Une mère peut laver son fils à la seule condition qu'il soit non pubère.

Le corps est lavé trois fois, avec de l'eau tiède et du lotus dans un premier temps et ensuite après avoir ôté les impuretés lavé et parfumé avec du camphre et de la naphtaline selon un rituel. Les yeux fermés et les pieds liés.

Le corps est enveloppé nu dans un linceul en coton blanc composé de trois étoffes non cousues pour les femmes, de cinq pour les hommes. Les bras le long du corps ou croisés sur la poitrine en position de prière.

Une fois enveloppé du linceul, on ne touche plus le défunt ce serait une souillure.

Le corps est pur. Il est important d'inhumer rapidement le défunt. Bien souvent vers le pays d'origine. Le corps est toujours tourné vers la Mecque.

Les proches défilent devant le cercueil pour rendre un dernier hommage ou se retrouvent à la porte du cimetière. L'imam prie lors de l'inhumation.

Trois mains de terre sont jetées par chaque proche. Dans la même terre, riche ou pauvre sont enterrés. Pour ne pas choquer les femmes et les enfants, ils n'assistent pas à l'inhumation et ne peuvent se recueillir que le lendemain. Le deuil dure trois jours. Les manifestations excessives de chagrin sont prohibées.

Certaines familles organisent un repas au retour du cimetière. La pierre tombale est sobre, seul un verset du Coran est toléré. Pour l'Islam la mort n'est pas une fin mais une continuité, la tradition s'oppose à la crémation.

Le prophète enseigna qu'il n'y a pas de séparation entre le temporel et le spirituel. Un verset du Coran indiquant qu'aucune atteinte à l'œuvre d'Allah ne doit se faire, des théologiens affirment que la crémation est interdite.

RITE DES GENS DU VOYAGE

Pour les gens du voyage, la vie comme la mort sont synonymes de voyage que le défunt poursuit au-delà du décès. L'amour de la liberté de déplacement sans s'attacher à une terre est la particularité des gens du voyage. Ce qui provoque toujours une méfiance aux regards des sédentaires que nous sommes. On oublie trop souvent qu'ils furent l'objet de ségrégations dans les siècles passés et victimes de la barbarie nazi.

L'identité des gens du voyage s'affirme sur des valeurs et des coutumes qui s'opposent aux sédentaires. Farouchement attachés à leur tradition, qui pour certaines sont proches de tradition antique mais qui soudent entre eux tous les membres, et grâce à laquelle ils se reconnaissent. Le rite funéraire est très important chez les gens du voyage et dépasse de loin ceux des sédentarisés.

Si on laisse de côté l'approche folklorique qu'on leur colle à la peau, on découvre une richesse de coutumes qui se sont transmise sans être altérées, parce que la tradition est respectée. Leur rituel n'est pas sans provoquer respect et curiosité pour les sédentarisés que nous sommes.

Lorsque l'agonie se présente chez l'un d'eux, il est impensable de laisser ce proche seul. La famille se regroupe et tous ceux de la communauté se mobilisent pour vivre ensemble ce passage de vie à l'autre côté. Sans inquiéter le mourant on lui exprime l'amour et le respect qui lui est du.

Les femmes redoublent d'affection, tandis que les hommes assistent sans manifester d'émotion. Un scénario rituélique se met en place. On reste aux côtés du moribond. On bavarde, fume et boit, considérant qu'il faut jouer la comédie, faire semblant.

Et si l'émotion est incontrôlable, on se doit de sortir avant que les larmes du chagrin arrivent. La seule façon pour un homme d'aider le mourant c'est d'être présent à côté de lui. Les enfants continuent aussi de jouer, le cycle de la vie continue.

Lorsque la mort apparaît la retenue émotionnelle cesse. Le décès est accueilli par des pleurs et des lamentations rituelles. Les bougies de veillée rouges et blanches sont là pour marquer le trait d'union entre le monde des vivants et celui des morts.

L'enfer n'existe pas, le défunt ne peut aller qu'au paradis. Les membres de la communauté habillent le défunt. Des chants accompagnent le défunt. Psalmodie qui félicite le repos bien mérité du défunt, et qui parfois rappelle les vertus qu'il lui était particulière.

J'adresse cette recommandation au personnel hospitalier :

En aucun cas lorsque vous introduisez le corps, d'un défunt de cette communauté, il ne doit être glissé en cellule réfrigérée. C'est pour eux un blasphème, laissez le corps dans un salon de recueillement.

La veillée dure trois jours et trois nuits. L'inhumation ne peut se faire que le quatrième jour. Lorsque le convoi se met en place pour se rendre au lieu cultuel de la famille, aucun raccourci ne peut être retenu. Tout manque de patience ou d'empressement est offusquant et pris pour un manque de respect envers la communauté.

 Bien souvent le cercueil est introduit dans la caravane du défunt, qui est brulée, ainsi que ses affaires. Parfois les affaires peuvent être vendues à des non tziganes.

On évoque que très rarement le défunt. La mort est un sujet tabou mais il n'y a aucun déni. On n'en parle ni avant ni après. Le mort repose en paix.

RITUEL BOUDDHISTE

Le prince Gautama plus connu sou le nom de Bouddha, qui signifie, l'Éveillé, enseigna la réincarnation.

Les dernières pensées déterminent les conditions de sa future naissance. Le croyant doit être apaisé et serein, emplit d'amour et de compassion. Ainsi il est assuré de renaître dans une vie meilleure s'il reconnaît ses fautes et accepte les épreuves du karma qu'il a vécu.

Les bouddhistes pratiquant la méditation et la prière se préparent à la mort dès le début de la vie avec sérénité Les proches doivent faciliter le départ du défunt sans le retenir par leur désespoir. Des moines sont invités à prier et à méditer, en récitant prières et mantras. La tête du défunt doit être dégagée, l'âme du défunt s'échappant du corps par la tête.

Aucun objet ne doit se trouver au-dessus de la tête. *(En Birmanie, on ne touche pas la tête des vivants qui est considérée sacrée.)* Le corps ne doit plus être touché pendant le processus de la mort. L'âme s'échappant du corps après le troisième jour.

Si le corps est à domicile laisser une fenêtre ouverte, et un proche posera sa main pour encourager celle-ci à quitter le corps par la partie supérieure.

Le corps est habillé sobrement, placé sur le côté droit, la main droite au niveau du menton, la main gauche sur la cuisse gauche les bras allongés le long du corps, le visage et le corps sont découvert, les pleurs et la parole sont prohibés auprès du défunt, ce qui le retarderait dans son départ. Offrir ses biens à des œuvres caritatives aide à accéder à son éveil. Lors de la crémation des prières sont récitées en présence de la famille.

Au Tibet, le climat étant si dur qu'il est fréquent que le corps soit découpé et jeté aux vautours, les os vont à un autre type de rapaces, les Khoho.

Le bouddhisme n'oppose aucun obstacle à l'autopsie et aux prélèvements d'organes.

Il faut savoir que les rites peuvent varier d'un pays à un autre.

Le bouddhisme, est majoritaire dans les pays d'Asie, tels que : Tibet, Sri Lanka, Corée du Sud, Laos, Birmanie, Cambodge, Thaïlande, Vietnam et Japon.

En occidents de plus en plus de personnes sont séduites par la pensée bouddhiste.

Les occidentaux considèrent plus le bouddhisme comme une philosophie plutôt qu'une religion. Son attirance vient du fait que sa pensée est spirituelle, et que le matériel est secondaire et éphémère.

Les bouddhistes considèrent la mort comme une entrée dans le Nirvana, qui pour eux est la paix ou l'éveil. La mort doit être acceptée sereinement par le mourant.

Pour accéder au nirvana le croyant doit se libérer de ses peurs et s'ouvrir à toutes les situations de son karma. Karma qu'il a choisi.

Harcelé par ses disciples, qui lui demandaient que faire pour ses obsèques, le Bouddha leur conseilla de procéder à la crémation de son enveloppe charnelle après sa mort.

Il leur conseilla toutefois de pratiquer les vertus plutôt que de s'attarder sur sa cérémonie funéraire.

RITUEL ZOROASTRIEN

Inexistant dans notre pays le Zoroastrisme est une des plus vieilles religions monothéistes et dualiste encore pratiquée. Son existence est d'environ quatre mille ans. Issue du Mazdéisme perse qui influença le judaïsme ainsi que les religions héritières que sont le christianisme et l'Islam. Dans le mazdéisme un seul dieu immatériel, Ahura Mazda. En dessous se situe Ormuzd, le bien, la lumière, la vie, et Ahriman le mal, qui s'oppose et représente la mort, les ténèbres. Les deux se disputent le sort des hommes.

A la mort, l'âme du défunt est emportée par le vent trois jours après le décès pour traverser le Chinvato peretav ou Pont de Chinvat dit Pont de lumière, qui surplombe les enfers. Comme dans l'Egypte antique, il y a la pesée de l'âme qui dure trois jours par trois juges qui sont Mithras(l'Alliance) Sraosha (la Conscience) et Rashnu (la Justice). A la suite du jugement l'âme gagnera la lumière et le bonheur éternel ou sombrera dans le gouffre des ténèbres. Toutefois si le bien et le mal s'équilibre l'âme restera dans la demeure des poids égaux.

Les hébreux déportés à Babylone par le roi Nabuchodonosor III et libérés par les troupes du roi perse Darius, s'inspirèrent du monothéisme perse en remplacement de la monolâtrie qu'ils pratiquaient auparavant.

Cette religion a pratiquement disparu officiellement de l'Iran (la Perse) ou elle est née. En 1979, la victoire des musulmans chiites, proclama la République Islamique de l'Iran. Les musulmans étant très attachés à l'inhumation des corps, et bien que connaissant cette religion qui était antérieure à l'Islam, jugeant indigne l'abandon des corps aux funérailles célestes, imposerons des modifications aux zoroastriens : l'inhumation ou la crémation.

Toutefois, il y aurait actuellement environ 30.000 zoroastriens de conversion récente par motivation de résistance politique et religieuse.

Le Zoroastrisme survit en Inde dans la région de Bombay. Ses fidèles se nomment des parsis. C'est en Inde qu'ils peuvent continuer de pratiquer leur rite funéraire qui se révèlent assez choquant pour nous autres occidentaux.

Après un recueillement dans le temple le corps est déposé dans la tour du silence, le Dakhma, où la dépouille du défunt est exposée et livré aux oiseaux charognards pour des funérailles célestes.

Le but de ce rite qui nous parait barbare est d'éviter que le cadavre, qui est impie, ne souille la terre, l'eau et le feu qui sont des éléments sacrés dans cette religion dualiste. Seul le roi qui est de nature divine bénéficie d'un tombeau.

Les Dakhmas, ces tours du silence sont constitués de trois gradins concentriques. Le gradin extérieur est destiné à recevoir le corps des hommes, le deuxième celui des femmes et le troisième celui des enfants. Au centre de la tour se trouve une fosse circulaire qui accueille les ossements.

Devant la décroissance démographique des vautours les parsis de Bombay envisagent l'élevage de vautours (il meurt à peu près trois parsis par jours à Bombay)

Freddy Mercury, né Farrok Bulsara, et décédé le 24 novembre 1999 a été inhumé selon le rite zoroastrien, ses ancêtres étaient des parsis.

Zubin Metha, chef d'orchestre indien, né à Bombay, formé à l'Académie de musique et d'arts du spectacle dirigea l'orchestre philharmonique d'Israël est aussi zoroastrien.

Il en est de même pour André Hossein, compositeur français d'origine perse et père de Robert Hossein.

HALLOWEN All HALLOWS EVE : LA VEILLE DE TOUS LES SAINTS

Voilà une fête des morts complètement récupérée et dénaturée par le mercantilisme qui a perdu tout son intérêt. Devenue une véritable ressource financière pour le commerce, et à moins d'être un érudit dans ce domaine, la plupart de ces joyeux participants ignorent l'origine et le sens de cette fête qui trouve son origine chez les celtes et qui se nomme Samain. Il est indéniable que des liens culturels existent entre ces deux fêtes. Toutefois, de ce que l'on sait réellement de Samain, ancienne fête païenne, il est difficile de démêler la fiction de l'authentique, les mystifications néo païennes sont si nombreuses.

La Légende de Jack O'lantern

Jack Stingy, était un ivrogne irlandais, riche et avare, vivant de débauche et peu soucieux de son prochain.

Une nuit de Samain, accoudé au bar comme à son habitude, il rencontra le diable qui tenta de lui acheter son âme. Ivrogne, mais rusé, Jack accepta à la seule condition que Satan lui paye un dernier verre.

Ce à quoi accepta le diable qui se transforma en pièce de monnaie. Plutôt que de commander un verre, Jack glissa la pièce de monnaie dans sa poche avec une croix en argent ce qui paralysa le diable.

Jack proposa à Satan de le libérer à la condition de posséder un sursis de dix ans. Furieux, mais contraint par cette proposition, le diable accepta et retourna aux enfers. Les dix années écoulées, une nuit de pleine lune, Satan embusqué derrière un chemin bordé de pommiers attendait Jack pour lui rappeler que c'était l'heure.

Jack accepta, à condition de manger pour la dernière fois une pomme. (Le diable est stupide parait-il !)

Satan grimpa à l'arbre pour cueillir une pomme, et sitôt dans l'arbre, cet ivrogne rusé traça une croix sur le tronc de l'arbre emprisonnant le diable à nouveau.

Et une fois de plus Jack lui proposa un marché : Sa liberté à la seule condition que jamais, mais jamais il n'aurait son âme. Satan furieux et penaud s'en retourna aux enfers.

Mais à sa mort, pas de paradis pour Jack Stingy l'ivrogne. Et là, lorsqu'il frappa à la porte des enfers,

Satan lui rappela sa promesse : Ne jamais lui prendre son âme.

Ni enfers ni paradis, retourne d'où tu viens Jack !

Pour toute consolation, ou moquerie, Satan lui offrit une braise pour le guider dans sa longue errance dans les limbes. Jack, afin de protéger sa braise incandescente du vent, l'introduisit dans un navet évidé. Depuis sa mort il erre entre les deux mondes et réapparait la nuit de Samain.

Suite à une grande famine entre 1845 et 1850, près de 700 000 irlandais émigrèrent aux Etats Unis emportant avec eux cette tradition. Les navets étant peu cultivés dans ce pays seront remplacés par des citrouilles surnommés Jack O'lantern.

SAMAIN, LA SAISON SOMBRE

Samain était la première des quatre grandes fêtes religieuses celtes.

Elle commençait trois jours avant le premier de novembre et se terminait trois jours après celui-ci. Samain se déroulait après Lugnasad et avant Yule. Pour les celtes il y avait deux saisons, une claire et une sombre.

Samain symbolisait le début de la saison sombre, fête de transition, le passage de l'année révolue à une autre année à venir. C'était également l'ouverture vers le Sidh, l'autre monde, celui des dieux.

Pour les celtes, Samain représentait le nouvel an et se déroulait sous l'autorité des druides, sur une période de sept jours. C'était le temps de Samain, temps de fermeture et d'ouverture.

Dans chaque maison, on éteignait le foyer de cheminée pour se rendre ensuite avec les autres familles du village, réunis en cercle autour du feu sacré. Feu sacré qui était étouffé pour éviter l'intrusion d'esprits maléfique. Après la cérémonie, chaque foyer recevait des braises encore chaudes du feu sacré afin de rallumer le feu dans leur maison pour ainsi protéger la famille des dangers à venir.

Mais le temps a changé cette cérémonie qui symbolisait le renouveau d'un cycle en une grosse mascarade. Inconsciemment les hommes poursuivent une tradition, complètement vidée de son essence et sans connaître sa signification.

Car tant que les hommes sont fidèles à leurs valeurs, donc à leur culture, les rites se répètent conformément à l'esprit qui présida à leur établissement et le message est transmis sacralement. Mais dès lors qu'ils effectuent un changement pour l'embellir ou l'adapter à leur époque, ou voir même de l'interpréter en le falsifiant, ils en ont déjà perdu l'esprit et par leur interprétation le trahissent. Ce qui est le cas pour bien de nos fêtes traditionnelles.

Il en est de même pour la St Jean d'hiver, associée à la fête de Noël qui n'est autre que la fête du solstice d'hiver, et la St jean d'été qui est celle de l'équinoxe d'été.

Mais qui le sait et s'en soucie aujourd'hui ?

LA TOUSSAINT

Fête catholique, elle tire son origine d'une commémoration de tous les martyrs chrétiens, institué à Rome par le pape Boniface V. Après les apôtres, les premiers martyrs chrétiens étaient considérés comme des saints. L'église protestante ne célèbre pas la Toussaint.

Cette fête se déroulait le 13 mai, jour anniversaire de la dédicace du Panthéon*, (conversion du temple païen en édifice chrétien)* et qui remplaçait la fête de la Rome antique des Lémurias, qui conjurait les esprits des morts violentes.

Elle fut déplacée par l'église de Rome le 1er novembre à partir du VIIIe siècle sous le pape Grégoire III. Elle pouvait se dérouler après Pâques ou après la Pentecôte.

En la déplaçant le 1er novembre, l'église de Rome assimilait ainsi Samain et la christianisait pour la rendre officielle. Ce qu'une religion ne peut combattre, elle l'incorpore pour grossir la foule de ses ouailles.

Aux Antilles, il en est tout autrement, rien à voir avec la morosité de la Métropole accompagné de son lot de chrysanthèmes sur les tombes et la froideur saisonnière de cette période. Ici c'est la fête de tous les saints, on se la souhaite, surtout lorsque l'on sort de la messe, tout vêtu de blanc.

Dans la journée, parfois la veille, les tombes sont nettoyées, brossées et repeintes en blanc par des jeunes gens. Ici les sépultures sont blanches et abondamment décorées de fleurs. Le soir venu les familles se regroupent devant les tombes de leurs proches, allument de nombreuses bougies. Ce qui permet de rencontrer des membres de la famille éloignée, parfois de revoir des connaissances et prendre de leurs nouvelles.

On boit un ti punch, on mange, on se rappelle les bons moments avec les défunts. Rien à voir avec la Toussaint froide et morose que nous connaissons en Europe. Les défunts tiennent une place importante, et c'est une manière de les évoquer avec une approche différente de la mort.

LA TOUSSAINT AU MEXIQUE : EL DIA DE MUERTOS

En France la Toussaint est une journée triste et pluvieuse qui célèbre nos chers défunts.
Fête de recueillement avec son cortège de fleurs, cyclamens, et chrysanthèmes sur les tombes.
En revanche, il en est tout autrement au Mexique. Les mexicains entretiennent des liens étroits avec la mort. Un goût morbide aux regards des européens. Ici, on danse, on se grime en squelette, on la défie, on la chante.
La nuit les hommes portent des masques à l'aspect morbide, les femmes parcourent les rues déguisées en Catrina, squelette féminin richement vêtue et portant chapeau européen, symbolisant l'indifférence de la mort face aux statuts social, et caricaturant à son origine les métis reniant leur origine indigène, pour mettre en avant

le mode de vie européen. Icône incontournable de cette fête des morts, on trouve son effigie dans les rues et dans les échoppes. Pour Octavio Paz, l'indifférence du Mexicain devant la mort se nourrit de son indifférence devant la vie. La mort est selon lui un miroir qui reflète les vaines gesticulations de la vie.

La fascination de la mort se déchaîne dans toute sa splendeur avec cette fête, El Dia de Muertos, le retour transitoire sur terre des êtres décédés.

Fête inscrite au Patrimoine Culturel Immatériel de l'Humanité de l'Unesco qui coïncide avec la fin du cycle annuel de la culture du maïs, élément essentiel du Mexique. Elle se distingue des autres par son côté festif et se déroule entre le 31 octobre et le 3 novembre. Son syncrétisme découle des traditions des civilisations Méso-américaines chrétiennes et Anglo-saxonnes avec Halloween.

Période joyeuse pour les mexicains qui débute par la consécration aux *Angelitos*, les enfants morts. Des autels richement colorés sont réalisés dans les maisons et sont d'abord dédiés aux enfants morts à partir du midi 31 octobre et un goûter traditionnel leur est offert à 19 heures.

Pour les enfants morts avant le baptême, les autels sont décorés de fleurs blanches et de cierges de même couleur. Pour les baptisés, des jouets sont disposés.

Au matin du 1er novembre, un petit déjeuner leur est consacré, ensuite de nouvelles offrandes sont offertes pour les adultes décédés.

Offrandes essentiellement composées de *pan de muerto*, le pain des morts, brioche saupoudrée de sucre parfumée à la fleur d'oranger qui représente l'esprit du défunt

Ces offrandes ne sont jamais consommées, il est dit que cette nourriture perd sa saveur parce que les morts se nourrissent des arômes. Les personnes décédées le mois qui précède la fête ne reçoivent pas d'offrandes. Ils n'ont pas eu la permission du retour transitoire sur terre.

Des calaveras (des cranes) sont déposés sur les autels. Réalisés en chocolat, ou en sucre, et parfois en plastique pour le décor. Tradition qui remonte

aux Aztèques qui conservaient les cranes de leurs adversaires vaincus aux combats, ou sacrifiés.

Les familles se rendent ensuite sur les tombes pour les nettoyer et les fleurir abondamment d'œillets d'inde assemblés en collier ou en arc en ciel symbolisant le rayonnement du soleil à l'origine de tout. On festoie en dégustant, et en buvant de la tequila.

Curieuse fête pour nous européens, mais très importante pour les mexicains qui montre l'acceptation de la mort dans ce pays.

RITUEL FUNERAIRE A MADAGASCAR. LE FAMADIHANA

Si la religion chrétienne est majoritaire à Madagascar, 52% de la population pratique encore un rite animiste traditionnel qui relie les vivants aux ancêtres. La particularité d'une de leur cérémonie est choquante pour d'autres cultures.

Tsy maty ny maty (Les morts ne sont pas morts)
A la mort du défunt, la famille se rassemble pour deux veillées funéraires. Cependant il y a des jours tabous, dit *Fady*, ou il est impossible de pratiquer les veillées funéraires ou les inhumations. Le mardi qui se dit talata, jour facile et multicolore. Si facile pour mourir qu'aucun enterrement ne devrait avoir lieu. Tandis que le mercredi, Alarobia, dont la couleur marron est destinée aux funérailles et à la Famadihana, tout comme le vendredi, Zoma qui est rouge et gras, bon pour les funérailles.

La particularité des rites funéraires de Madagascar réside dans une cérémonie qui se nomme le *Famadihana*, plus connue sous l'appellation : le retournement des morts.
Cette cérémonie qui serait apparue au XVIIe siècle serait le prolongement d'une vielle coutume, appelée les doubles funérailles, très répandue avant l'époque moderne en Asie du sud-est, ainsi que dans l'Égypte antique, la Babylonie, la Grèce antique et les Zoroastriens de Perse.
Les âmes des défunts ne rejoignent vraiment le monde des ancêtres qu'après la disparition complète du corps,

au bout d'une longue période qui peut durer de longues années. Et uniquement après l'accomplissement de cette cérémonie.

La plupart du temps c'est un membre de la famille qui dans un songe à reçu le message du défunt qui se plaint d'avoir froid. Aussi on fait appel à un mpanandro, un astrologue qui décide de la date et de la fin de la fête des morts.

C'est une cérémonie qui se déroule pendant l'hiver australe, de juin à septembre.

Après avoir exhumé le corps, le linceul *(lambamena)* est changé. Il s'agit également d'habiller les os du défunt. Les plus importants sont les os des membres des bras et des jambes. Huit os au total, le Taolana valo. Après cela, les membres de la famille exécutent sept circumambulations autour du tombeau en portant le corps du défunt sur leur tête ou leurs épaules le tout accompagné de chants et de danses.

La fête se termine avec un festin offert par la famille, qui fait appel à des musiciens traditionnels de Mpihira et de Vako-Drazana. Durant cette cérémonie qui dure trois jours, il est interdit de verser des larmes. Jusque dans les années quatre-vingt cette pratique funéraire se déroulait sous des dolmens en pierre, mais ces constructions traditionnelles sont remplacées depuis par des monuments en béton. L'influence occidentale, notamment chrétienne, tend à la raréfier. De plus cette cérémonie est relativement coûteuse, car parfois tout le village y participe.

Madagascar est un pays qui possède une grande bio diversité et malgré cela le seuil de pauvreté est important (76%), et bien souvent au-dessous de celui-ci. On imagine le sacrifice que cela engendre pour respecter cette tradition funéraire importante pour les malgaches demeurant sur les hauts plateaux où se perpétuent cette tradition lointaine.

RITUEL DES DOGONS

Les Dogons sont un peuple qui réside sur un plateau du Mali qui possède un rituel funéraire particulier.

A la mort du défunt, le corps est nettoyé avec l'eau de la Guna (l'eau de la Famille) par le père, l'oncle, le frère ou le fils, à la seule condition de connaître la langue secrète du village : le Sigui So. Lors de cette toilette rituélique, après le nettoyage le corps est ensuite emmailloté dans une couverture mortuaire prévu à cet effet comme une momie.

Ensuite les membres de la famille viennent lui demander pardon et lui pardonnent pour les conflits qu'ils ont pu avoir avec lui. Ce n'est qu'après que le défunt est transporté dans la maison du chef religieux le Hogon, bien souvent âgé, afin de recevoir la bénédiction. Et ce n'est qu'à ce moment que la veuve verse l'eau d'une calebasse sur le corps, signifiant la fin de sa contribution à la vie communautaire.

Le défunt est ensuite transporté et hissé par des jeunes gens sur le haut de la falaise ou se trouve de nombreuses grottes. Une fois déposé dans une de ces cavités et débarrassé de la couverture mortuaire, l'âme est encore dans le village.

La deuxième étape est le Yimu Gono, les funérailles. Elle se déroule plusieurs jours, voire des mois plus tard. La famille rend hommage au défunt en lavant la couverture mortuaire, et mimant certains actes de sa vie.

Parfois se déroulent des combats fictifs et sacrifices d'animaux afin que l'âme du défunt quitte la maison familiale. Dès lors elle n'est plus dans la demeure mais erre dans les alentours.

La fin du deuil est clôturée par la Cérémonie du Dama. Celle-ci peut durer trois jours et signifie l'interdit, Dama lève donc l'interdit relatif au deuil.

Un scénario se met en place pour cette cérémonie. Il apparaît un groupe d'hommes, uniquement circoncis, et porteurs de masques qui les protègent des esprits malveillants, mais sert aussi à impressionner les âmes dans le but de les chasser. Ces hommes qui se nomment de la société Awa, la société des masques, vont défiler et danser durant cette période. A la fin de cette cérémonie, les morts ne sont plus du village.

ANECDOTE SUR LA PERIODE DE L'ESCLAVAGE

Certains monarques africains, pour s'enrichir et agrandir leur royaume n'hésitaient pas à capturer des tribus voisines, ou ennemies pour les vendre aux trafiquants d'esclaves. En vidant ces terres de leurs habitants d'origine par la guerre, ils pouvaient établir leurs peuples sur un plus vaste territoire.

Aussi les captifs devenus esclaves, avant d'être embarqués dans des conditions effroyables dont les plus faibles ne verrait pas le nouveau monde devaient se soumettre à un certain nombre de rituels.

C'est ce qu'institua le roi Dossou Agadja, dit le conquérant, cinquième rois d'Abomey (ancienne capitale de l'actuel Bénin) afin que ceux qui étaient vendus comme esclaves en oublient jusqu'à leur origine d'hommes libres, leur famille et leur village.

Le dernier de ces rituels leur exigeait de circuler autour d'un arbre plusieurs fois nommé l'Arbre de l'oubli. Cinq fois pour les femmes et sept fois pour les hommes, et toujours de la droite vers la gauche.

Lors de ces circumambulations, des imprécations leur étaient adressées :

« Nous avons vendu votre corps, mais nous n'avons pas vendu votre âme. A votre mort, lorsque vous irez rejoindre les mânes de vos ancêtres, votre âme fera le voyage du retour pour rejoindre la terre de vos ancêtres. Vous reviendrez ici.

Là-bas, on enterrera votre corps. Ici, votre âme reviendra, car ici le souffle doit revenir. » A ces propos se dégage la tentative de déculpabilisation d'un acte odieux qui est de vendre un être humain comme du bétail en initiant une cérémonie sous couvert de mysticisme.

Nous avons vendu vos corps, mais pas vos âmes ! Belle hypocrisie n'est-ce pas ?

Surtout lorsque l'on sait que les plus faibles qui mourraient en cale lors du voyage étaient jetés à la mer sans cérémonie funèbre ! Mais comme le disent les Béninois : nous ne sommes pas responsables des actes de nos ancêtres.

En aucun cas, les générations d'aujourd'hui ne doivent être jugés sur les fautes de leurs ainés.

A l'emplacement de cet arbre maudit, aujourd'hui existe une statue réalisée par Dominique Kouas, artiste béninois et qui représente une silhouette ressemblant à un hippocampe lançant d'une manière symbolique un appel à la diaspora pour revenir en Afrique.

Table des matières